AS SETE ÚLTIMAS PALAVRAS

TIMOTHY RADCLIFFE

AS SETE ÚLTIMAS PALAVRAS

Dados Internacionais de Catalogação na Publicação (CIP)
(Câmara Brasileira do Livro, SP, Brasil)

Radcliffe, Timothy
    As sete últimas palavras / Timothy Radcliffe [tradução Barbara Theoto Lambert]. – São Paulo : Paulinas, 2013.

Título original: Seven last words.
ISBN 978-85-356-3410-5

1. Jesus Cristo 2. Jesus Cristo - Sete últimas palavras 3. Meditações I. Título.

12-14863   CDD-232.9635

Índice para catálogo sistemático:
1. Sete últimas palavras : Jesus Cristo : Meditações : Cristianismo 232.9635

Título original da obra: *Seven Last Words*
© Timothy Radcliffe OP 2004. Publicado de acordo com
The Continuum International Publish Group.

Citações bíblicas: *Bíblia Sagrada*. Tradução da CNBB, São Paulo, 2001.

Direção-geral: *Bernadete Boff*
Editora responsável: *Vera Ivanise Bombonatto*
Tradução: *Barbara Theoto Lambert*
Copidesque: *Mônica Elaine G. S. da Costa*
Coordenação de revisão: *Marina Mendonça*
Assistente de arte: *Ana Karina Rodrigues Caetano*
Gerente de produção: *Felício Calegaro Neto*
Projeto gráfico: *Manuel Rebelato Miramontes*

1ª edição – 2013

Nenhuma parte desta obra poderá ser reproduzida ou transmitida por qualquer forma e/ou quaisquer meios (eletrônico ou mecânico, incluindo fotocópia e gravação) ou arquivada em qualquer sistema ou banco de dados sem permissão escrita da Editora. Direitos reservados.

Paulinas
Rua Dona Inácia Uchoa, 62
04110-020 – São Paulo – SP (Brasil)
Tel.: (11) 2125-3500
http://www.paulinas.org.br – editora@paulinas.com.br
Telemarketing e SAC: 0800-7010081

© Pia Sociedade Filhas de São Paulo – São Paulo, 2013

Sumário

Prefácio – No princípio era a Palavra 7

As Palavras 25
   1. "Pai, perdoa-lhes! Eles não sabem o que fazem!"
      (Lc 23,34) 25
   2. "Hoje estarás comigo no Paraíso" (Lc 23,43) 33
   3. "Mulher, eis o teu filho! [...] Eis a tua mãe!"
      (Jo 19,26-27) 41
   4. "Meu Deus, meu Deus, por que me abandonaste?"
      (Mc 15,34) 49
   5. "Tenho sede"! (Jo 19,28) 57
   6. "Está consumado" (Jo 19,30) 67
   7. "Pai, em tuas mãos entrego o meu espírito"
      (Lc 23,46) 75

Epílogo – Além do silêncio 83

Nossa palavra 97

Prefácio

No princípio era a Palavra

No dia 7 de dezembro de 1993, à noite, eu acabara de chegar a Jerusalém vindo de Roma para visitar a *Ecole Biblique*, o centro dominicano para estudos bíblicos. Não havia nem desfeito as malas, quando recebi um telefonema dizendo que meu pai estava às portas da morte. Voei imediatamente para a Inglaterra e pude passar alguns últimos dias com ele, antes que ele morresse no hospital, rodeado pela família. Ele era apaixonado por música, por isso lhe compramos um *walkman* para ser usado na enfermaria. Perguntei-lhe quais os CDs que queria, e ele me disse para trazer o *Réquiem* de Mozart e *As sete últimas palavras* de Haydn. Foi o seu jeito de preparar-se para a morte. Eu voara do lugar onde, conforme os Evangelhos, Jesus pronunciou essas palavras, para ficar com meu pai, enquanto ele vivia sua paixão com a ajuda delas.

Encontramos na cruz no século XII as origens da devoção às sete últimas palavras de Jesus. Vários autores compuseram um relato harmonioso da vida de Jesus com base nos quatro Evangelhos. Assim se reuniram suas últimas palavras na cruz, que se tornaram assunto de meditação. Essas últimas palavras foram comentadas por São Boaventura e popularizadas pelos franciscanos. Tiveram enorme importância para a religiosidade medieval tardia e eram ligadas à meditação nas sete chagas de Cristo e vistas como cura para os sete pecados capitais.[1]

De acordo com as Horas de São Beda, quem meditasse nessas palavras de Jesus seria salvo e Nossa Senhora lhe apareceria trinta dias antes da morte.

Entretanto, devo admitir que hesitei quando me pediram para pregar sobre as sete últimas palavras de Jesus na catedral de Seattle na Sexta-Feira Santa de 2002. Parecia que elas faziam parte de uma espiritualidade sombria, que insistia no sofrimento e no pecado e com a qual eu não me identificava facilmente. O Evangelho, já se vê, diz que devemos tomar nossa cruz todos os dias e seguir Cristo, mas com demasiada frequência isso se transformou em um cristianismo que me parecia triste, repudiava a vida e até sugeria masoquismo. São João da Cruz diz que "a alma que realmente anseia pela divina sabedoria, primeiro anseia pelo sofrimento, para que possa entrar mais profundamente no matagal da cruz".[2]

---

[1] Cf. DUFFY, Eamon. *The Stripping of the Altars*. New Haven, 1993. pp. 248ss.

[2] *A reading from the Spiritual Canticle*. Red. B, estrofe 37.

Confesso não ter, em absoluto, nenhum anseio de sofrer! Lembrei-me destas sombrias palavras de *Ricardo II*:

> *Falemos de sepulturas, vermes e epitáfios;*
> *Façamos da poeira nosso papel e com olhos chorosos*
> *Escrevamos tristeza no seio da terra.*
> *Escolhamos executores e falemos de testamentos.*[3]

Minha fé fala de vida, do nascimento de uma criança e da vitória sobre a morte. Isso, já se vê, passa necessariamente pela Sexta-Feira Santa, mas por que ficar concentrado naquele momento? Eu encontrara com demasiada frequência o sofrimento e a morte, em especial durante minhas viagens pela Ordem, em lugares como Ruanda e Burundi, para ignorar sua horrenda violência. Estivera com muitos irmãos quando morreram e vira os limites do que não pode ser dito, mas só mostrado. E tinha dúvidas até sobre se deveríamos pregar *um único* sermão na Sexta-Feira Santa, quanto mais sete. Frente a frente com o horror da morte do Filho de Deus, sua loucura escandalosa, então, o que há para dizer? Esse horror marca o fim das palavras. Precisamos falar sempre? Tudo que podemos fazer é esperar a Páscoa. Entretanto, aceitei pregar sobre as sete últimas palavras em memória de meu amado pai que compartilhou sua fé comigo. Essas

---

[3] Ato 3, cena 2,1,145.

palavras lhe haviam dado força em face da morte. O que elas poderiam me dar?

Últimas palavras têm fascínio especial. Os seres humanos são animais falantes. Para nós, estarmos vivos é estar em comunicação. A morte não é apenas a cessação da vida corporal. É silêncio. Então o que dizemos diante do silêncio iminente é revelador. Pode-se ser resignado; o australiano Ned Kelly, ladrão de bancos, conseguiu dizer: "Assim é a vida", pouco antes de ser executado. Lord Palmerston é mais desafiador ou apenas pragmático, quando sentencia: "Morrer será a última coisa que farei". Podemos estar gloriosamente errados, como o general da guerra civil que disse a respeito dos atiradores de elite dos inimigos: "A essa distância eles não atingem nem um elefante". Poucos de nós alcançamos a grandeza das palavras do imperador Vespasiano: "Que provação a minha; acho que estou me tornando um deus". Acredita-se que Pitt, o Moço, disse: "Ó, minha pátria, como deixo minha pátria", mas a tradição mais confiável nos dá: "Creio que poderia comer uma das almôndegas de Bellamy". De fato, muitos moribundos pedem comida e bebida. Santo Tomás de Aquino pediu arenques frescos que foram milagrosamente providenciados e Anton Chekhov anunciou que nunca era tarde demais para uma taça de champanha.

Neste livro tratamos não apenas das últimas palavras de um homem, as últimas coisas que Jesus, um judeu do século I, disse. Vemos a Palavra de Deus pronunciada em face do silêncio. Sendo cristãos, cremos que tudo existe e é sustentado por essa Palavra que existia desde o princípio. É o sentido de toda a nossa vida. Como João escreveu no prólogo de seu Evangelho: "Nela estava a vida, e a vida era a luz dos homens" (Jo 1,4). O que está em debate para nós não é apenas o sentido de sua vida, mas de todas as vidas. Quando ele foi silenciado, foram todas as palavras humanas sepultadas com ele?

Nossa fé na ressurreição não é apenas porque esse homem morreu e voltou à vida. A Palavra não foi silenciada. Estas sete últimas palavras vivem. O túmulo não as engoliu. Não é apenas porque elas foram ouvidas, lembradas e anotadas, como as últimas palavras de Sócrates. Significa que o silêncio do túmulo foi rompido para sempre e essas palavras não foram as últimas. "E a luz brilha nas trevas, e as trevas não conseguiram dominá-la" (Jo 1,5).

Quando enfrentam a morte, os mártires reivindicam o direito de falar. Protestam inocência ou pregam a fé, mas sempre em face do silêncio desejam que suas palavras sejam ouvidas, porque a própria Palavra não foi silenciada e nunca será. Os primeiros mártires quase sempre morriam porque se recusavam a entregar as palavras evangélicas. Não queriam ser, no sentido literal da palavra, traidores dessas palavras de vida. São essas as palavras que nos são confiadas. O governador romano pergunta a Êuplio porque ele não entrega esses livros: "Porque sou cristão e é proibido desistir deles. É melhor morrer que entregá-los. Neles está a vida eterna. Quem desiste deles perde a vida eterna".[4]

O que está em debate para os cristãos não é só se essas palavras de Jesus são ou não verdadeiras, mas, em última análise, se quaisquer palavras humanas têm algum sentido, mesmo para os que não compartilham nossa fé. Nossas tentativas de entender o sentido de nossa existência são vãs, em face daquele silêncio final, quando o universo todo ficará frio e morto? Vivemos entre a criação e o Reino, ou apenas entre o *Big Bang* e o silêncio final?

A história cristã é um drama a respeito de palavras e seu sentido. A Palavra de Deus e a nossa. Começa com a Palavra pela qual tudo veio a existir. Na Idade Média, os teólogos adoravam discorrer longamente sobre um único momento dramático na narrativa. Quando o anjo Gabriel apareceu a Maria e anunciou a concepção de Jesus, então Maria diria sim? Eles adoravam imaginar Maria hesitando, enquanto a humanidade toda aguarda

---

[4] *The Acts of the Christian Martyrs*. Introdução e tradução de Herbert Musurillo. Oxford, 1972. p. 317.

nervosamente o que ela dirá. Adão e Eva e todos os mortos a incentivam. A criação toda suspende a respiração. A vinda da Palavra depende da palavra dela. São Bernardo lhe implora: "Responde, ó Virgem, responde depressa ao anjo [...]. Diz a palavra e recebe a Palavra; oferece o que é teu e concebe o que é de Deus [...]. Por que adiar? Por que protelar? Crê, fala, recebe".[5]

Isso resume nossa imensa responsabilidade humana como os que dizem palavras. Nossas palavras dão vida ou morte; criam ou destroem. As últimas palavras de Jesus na cruz são o clímax desse drama. Nós as conservamos na memória porque nelas está enraizada nossa fé que palavras humanas realmente alcançam e tocam algum destino e propósitos finais. Nossas palavras podem ser inadequadas e mal tocar o mistério, mas não são vazias.

Na peça de Robert Bolt, *O homem que não vendeu sua alma*, quando Meg tentou persuadir o pai, Santo Tomás More, a fazer o juramento porque ele poderia negar mentalmente as palavras, ele respondeu: "O que é um juramento, se não palavras que dirigimos a Deus? Quando um homem faz um juramento, Meg, ele segura nas mãos a própria pessoa. Como água. E, se abre os

---

[5] In Praise of the Virgin Mary. Hom. 4,8.

dedos *então*, ele não precisa ter esperança de reencontrar-se de novo".[6]

Nossa fé não é apenas em que a existência humana tem um sentido especial, mas em que tem um sentido, o qual transcende todas as nossas palavras. Nessa confiança podemos encontrar aliados e mestres nos que têm outra fé ou nenhuma. Essas sete últimas palavras convidam-nos a crer que palavras realmente importam. E o conflito mais fundamental não é com os que encontram a fé em outras palavras, mas com os que afirmam que, de qualquer modo, nada tem sentido. Assim, quem se importa com palavras e aprecia o sentido ajuda-nos a ouvir a Palavra, que é a vida e a luz de todos os seres humanos. Czeslaw Milosz escreveu: "Por sua essência, a poesia está sempre do lado da vida".[7] E Seamus Heaney fala da "função" da poesia "como agente de possível transformação, de evolução em direção da vida mais radiante e generosa que a imaginação deseja".[8]

Quando visitei a sala da universidade em que os mártires jesuítas de El Salvador foram assassinados, vi que os assassinos haviam atirado também nos livros. O

---

[6] New York, 1960. p. 140.

[7] The Real and the Paradigms. *Poetry Australia*, n. 72, Oct. 1979, p. 24. Citado em HEANEY, Seamus. *The Redress of Poetry*. London, 1995. p. 158.

[8] HEANEY, *The Redress of Poetry*, p. 114.

Theological Dictionary of the New Testament [Dicionário teológico do Novo Testamento] de Kittel estava crivado de buracos de balas. Estava aberto no artigo sobre o Espírito Santo, aquele cuja inspiração está em todas as palavras do Evangelho. O ódio desses assassinos não era apenas desses sacerdotes, mas de suas palavras, e, no entanto, esses homens cheios de ódio devem também ter sido impelidos por alguma fome inconsciente de sentido.

Em maio de 2003 fui levado ao centro de genocídio Tuol Sleng em Phnom Penh, Camboja. Era um das centenas de lugares onde o regime de Pol Pot eliminava suas vítimas. Todos os avisos ao redor do centro insistiam que o silêncio deveria ser absoluto. Qualquer som era instantaneamente punível com a morte. Esse silêncio era a primeira sombra dos campos de matança. As paredes das celas estão cobertas de milhares de fotografias dos silenciados. Alguns deles olham para a câmera com rostos inexpressivos e outros, principalmente os jovens, sorriem, como se tivessem esperança de uma reação. Somente um deles saiu vivo.

Em geral, o ataque a palavras assume forma menos dramática. O mal torna a linguagem banal. Subverte sua beleza e nuança. Banaliza nossas palavras. Herbert McCabe, op, escreveu:

> É inteiramente apropriado que a conversa de Hitler à mesa fosse tão enfadonha. O comportamento mau, mesquinho, desvaloriza as estruturas de sentido humano da mesma maneira que a prosa vulgar, má, desvaloriza as línguas. Há uma aparência de comunicação que esconde o insucesso para se expressar, para dar-se e perceber a si mesmo. Se estou correto ao dizer que a vida é constituída pela comunicação, então esse comportamento diminui a vida ou diminui minha existência.[9]

Esta é uma fase de incrível criatividade para a literatura inglesa. A língua inglesa está sendo expandida por jovens romancistas e poetas de todo tipo de grupos étnicos dentro da Grã-Bretanha e de todo o mundo. A língua ainda está viva e jovem. E, no entanto, muitas vezes nós a vemos degradada e banalizada, na mídia, usada descuidadamente e sem atenção à distinção e à sutileza. Tudo isso subverte a comunhão humana. Quando voltei a morar na Inglaterra, depois de nove anos fora, fiquei surpreso ao ver quase todo mundo falando inglês de estuário. A difusão dessa nova *língua franca* deve, com certeza, ser motivada pelo desejo bom de derrubar as divisões que costumavam fragmentar a sociedade inglesa. Cresci em uma sociedade onde se sabia a classe

---

[9] *Law, Love and Language*. London, 1968. p. 100. reimpresso em 2003.

da pessoa assim que ela começava a falar. A língua era não só um meio de se comunicar, mas também de afirmar a separação e reivindicar superioridade. Graças a Deus, isso acontece cada vez menos. Mas se nosso desejo de uma sociedade sem classe assume a forma de degradação de nossa língua comum, então estamos prejudicando o meio pelo qual fazemos a comunhão. A banalização da língua coíbe nossa capacidade de formar uma vida comum com os que são diferentes. Se vemos a comunhão apenas como a solidariedade dos que são iguais, naturalmente a sutileza não é necessária. Como ouvimos na Câmara dos Comuns, basta resmungar e zurrar, aplaudir e vaiar.

George Steiner escreveu um belo livro chamado *Real Presences* [Presenças reais]. O subtítulo era: *Há alguma coisa no que dizemos?* Examinava o rompimento do pacto entre as palavras e o mundo durante os últimos cem anos ou mais, a perda da confiança que nossas palavras signifiquem alguma coisa. Nestas sete últimas palavras de Jesus, testemunhamos o debate final entre as palavras e o silêncio, o sentido e a tolice, e acreditamos que a vitória foi conquistada.

Em 1985, Brian Keenan foi ao Líbano para lecionar inglês. Foi raptado e encarcerado durante quatro anos e meio. Nos primeiros meses ficou na solitária, quase sempre no escuro. Então, foi muitas vezes sustentado por palavras. Rabiscava palavras em todo pedaço de papel que encontrava, ou nas paredes, para se proteger da insanidade, para provar que existia. Muitas vezes escrevia poemas, pois seria mais difícil os captores decifrarem. Foi sustentado por palavras que estavam ocultas em sua memória, mas que naquele momento vinham-lhe à mente e lhe davam vida. Durante uma sessão de confronto com os captores:

> O aforismo de Blake veio-me à cabeça: "Os tigres da ira são mais sábios que os cavalos da instrução" e, com esse pensamento, silenciosamente cantarolei para mim mesmo: "Traze-me meu arco de ouro abrasador, traze-me minhas flechas de desejo" e, ao mesmo tempo, latejando atrás de minha cabeça surgiram as palavras: "Se eu tiver de andar por vale escuro, não temerei mal nenhum".[10]

Essas palavras o mantiveram vivo e são. As últimas palavras de Jesus podem alojar-se em nosso coração e mente e sustentar-nos seja no que for que enfrentemos: fracasso, perda, silêncio e morte.

A respeito de vários incidentes das narrativas da paixão, tais como a repartição das vestes de Jesus e sua sede final, é dito que aconteceram "para se cumprir as

---

[10] *An Evil Cradling*. London, 1992. p. 238.

Escrituras", o que talvez soe estranho a nossos ouvidos, como se Jesus fosse um ator que seguisse uma série de instruções de palco: "Agora é o momento em que preciso dizer que estou com sede". Obviamente não é esse o caso, no entanto, essas referências são lembretes de que um drama está de fato sendo representado no Calvário. Os romanos crucificaram milhares de pessoas. Corpos pendentes de árvores devem ter sido uma visão comum, em especial em tempos de agitação política. E, assim, a morte de Jesus pode ter parecido exatamente como qualquer execução antiga, sem importância especial, uma dessas coisas que simplesmente acontecem. Para nós, a cruz de Jesus é o centro de incontáveis pinturas, mosaicos, esculturas e gravuras, colocados no âmago de nossos lugares mais santos. Mas os evangelistas sabiam que talvez não parecesse assim na época, mas sim alguma coisa pouco notável, que aconteceu em um lugar retirado, nos limites de uma cidade insignificante em uma província secundária do Império. No poema "Musée des Beaux Arts", Auden nos revela que:

> *Quanto ao sofrimento nunca se enganaram*
> *Os velhos mestres: como entenderam bem*
> *Sua posição humana; como acontece,*
> *Enquanto outro come, abre a janela*
> *ou dá um passeio cansativo;*

Como, no momento em que velhos esperam reverentes,
apaixonadamente,
O nascimento milagroso, sempre tem de haver
Crianças que não desejavam
esse acontecimento, patinando
Em um lago na orla do bosque:

Nunca se esqueceram
Que mesmo o martírio terrível deve seguir seu caminho
Casualmente, em lugar retirado, algum local sujo
Onde os cães continuam com sua vida canina e o cavalo do algoz
Coça o traseiro inocente em uma árvore.[11]

Essas referências ao cumprimento das Escrituras mostram-nos que, embora para o transeunte da época parecesse não estar acontecendo nada de muito importante – apenas outro agitador recebendo o castigo merecido –, na verdade era o clímax havia muito aguardado do drama do relacionamento de Deus com a humanidade. O que estava em debate era todos os escritos sagrados e, na verdade, todas as palavras que usamos para desajeitadamente procurar sentido.

---

[11] *Collected Shorter Poems 1927-1957*. London, 1966. p. 123.

Sete últimas palavras: na Bíblia, sete é o número da perfeição. Deus criou o mundo e descansou no sétimo dia, o dia de conclusão e cumprimento. Essas sete palavras fazem parte da conclusão divina dessa criação. Fiquei atônito ao descobrir que elas têm uma bela estrutura. Começam com palavras dirigidas ao Pai, encontram o centro em um grito por causa da ausência desse Pai e no fim voltam a dirigir-se a Ele. As palavras que Jesus nos dirige estão conservadas dentro desse relacionamento com o Pai, exatamente como é lá que encontraremos nosso lar, dentro da vida da Trindade. Aconchegamo-nos dentro dessa divina conversa. E as palavras que Jesus dirige aos que estão ao pé da cruz fortalecem-se na intimidade, como se a morte o aproximasse de nós em vez de levá-lo embora. Jesus dirige-se a nós primeiro como Rei e depois como nosso irmão, antes de entrar mais intimamente em nossa desolação e perda.

Sete palavras, mas é todo o discurso de uma única Palavra de vida que se conclui na ressurreição. Nas palavras de William Saint-Thierry dirigidas ao Pai: "Tudo que ele fez e tudo que disse na terra, até mesmo os insultos, as cuspidelas, as bofetadas, a cruz e a sepultura, tudo isso não era nada além de ti falando no Filho, apelando a nós por teu amor e incentivando nosso amor por ti".[12]

---

[12] O tratado *On Contemplating God*, n. 10.

Porque são a fala de uma única Palavra de vida, essas sete palavras só podem ser entendidas à luz da ressurreição. Quando a Palavra ergueu-se do túmulo, isso não foi apenas a ratificação das palavras na cruz. Foi mais que um sinal de que Jesus estivera certo o tempo todo. É então que essas palavras encontram plenitude de sentido. Por exemplo, a primeira palavra é: "Pai, perdoa-lhes! Eles não sabem o que fazem!". A ressurreição faz mais que confirmar essas palavras, afirma que podemos confiar que o Pai verdadeiramente nos perdoará. É-nos mostrado o que é o perdão, que é mais que esquecer. É transformação da Páscoa, a irrepreensível fertilidade divina, um túmulo vazio.

Cada meditação nessas sete palavras vem acompanhada de uma imagem da cruz, com algumas palavras de explicação. Descobri que tenho sete cruzes em meu quarto e, por um feliz acaso e sem forçar muito, cada uma ilumina uma das últimas palavras de Jesus. Todas elas foram presentes, exceto a última. Três dessas cruzes são presentes da América Latina. Não que os latino-americanos sejam mais generosos que outras pessoas. Isso reflete a profunda centralidade da Sexta-Feira Santa na espiritualidade desse continente. Séculos de colonialismo e de pobreza fazem parecer que a Páscoa demora muito a chegar.

Pode parecer estranho dar a alguém uma cruz em sinal de amizade. Mas descobri que pensar na cruz não me deixa desalentado. Viver à sombra dela não nos faz negar a vida nem ficar triste. Para mim, cada uma dessas cruzes é um convite para ouvir a Palavra que rompeu o silêncio da morte e viveu. Meu pai tinha razão. Isso não significa que a morte é insignificante ou indolor, simples passagem por um véu. Herbert McCabe, op, escreveu:

> A morte, a morte humana é um ultraje [...]. Em sua maioria, as pessoas concordam que há alguma coisa chocante na morte de uma criança, que nem teve a chance de viver todo o seu ciclo de vida; mas penso que, de certo modo, toda morte interrompe uma história que tem à frente infinitas possibilidades.[13]

Todas essas cruzes nos confrontam com o ultraje que é a morte de Cristo e nos ajuda a já ver ali o início de uma nova palavra de vida.

---

[13] *Hope*. London, 1987. p. 24s.

A cruz de Michael Finn

As Palavras

1. "Pai, perdoa-lhes! Eles não sabem o que fazem!" (Lc 23,34)

A primeira palavra que nos é dada hoje é de perdão. O perdão acontece antes da crucificação, antes dos insultos e da morte. O perdão vem sempre primeiro. Talvez não conseguíssemos prestar atenção na paixão de Cristo, se não começássemos com o perdão. Antes de pecarmos, já somos perdoados. Não temos de merecê-lo. Nem mesmo temos de nos arrepender. O perdão está ali, esperando por nós.

Isso soa muito bonito, mas não é também um pouco condescendente? Parece que torna nossos atos insignificantes. Algumas semanas atrás, uns amigos meus convidaram-me a passar algum tempo com eles para descansar. Eles têm filhos gêmeos pequenos e uma teoria de que os gêmeos devem ter permissão de fazer tudo o que quiserem. Podiam quebrar coisas, berrar e gritar e mudar de ideia a cada dois minutos. Diverti-me imensamente, mas quando voltei para casa dei graças a Deus pelo celibato. A teoria era de que os gêmeos cresceriam com um profundo sentimento de segurança, sabendo que seriam amados, fizessem o que fizessem. Eu estranhei. Não poderiam também pensar que suas ações eram insignificantes? Se você sabe que vai ser perdoado seja o que for que fizer, então por que se dar ao trabalho de procurar ser bom? "Caro Timothy; ele acabou de assassinar outro dos irmãos. É tão monótono, mas o querido Senhor o perdoará, por isso não tem importância".

O perdão vem primeiro. Eis o escândalo do Evangelho. Mas isso não significa que Deus não leva a sério o que fazemos. Deus não se esquece de que crucificamos seu Filho. Não tiramos isso da cabeça. Na verdade, na Sexta-Feira Santa nos reunimos para prestar atenção à paixão e morte de Cristo e lembrar que a humanidade rejeitou, humilhou e matou o Filho de Deus. É por causa do perdão que ousamos nos lembrar dessa ação terribilíssima.

O perdão não é Deus esquecendo a Sexta-Feira Santa. É o Pai elevando o Filho no domingo de Páscoa. Se o perdão fosse esquecer, então Deus teria de sofrer a mais aguda amnésia, mas é a inimaginável criatividade divina que toma o que fizemos e torna fecundo. A imagem medieval do perdão divino era a floração da cruz. A cruz é o feio sinal de tortura. É o símbolo da capacidade da humanidade para rejeitar o amor e fazer o que é completamente infecundo. Mas os artistas da Idade

Média mostraram essa cruz florescendo no domingo de Páscoa, como na abside de São Clemente em Roma, que ilustra a terceira das últimas palavras de Jesus. A madeira morta estendeu gavinhas e flores. O perdão faz os mortos viverem e torna o feio, bonito.

O perdão significa que a cruz é nossa nova árvore da vida da qual somos convidados a comer. No século IV, São João Crisóstomo escreveu a respeito da cruz:

> A Árvore é minha eterna salvação. É meu alimento e meu banquete. Em meio a suas raízes lanço bem no fundo as minhas. Cresço sob seus galhos. Voando do coração ardente armei minha tenda à sua sombra e ali encontrei um lugar de descanso, viçoso com o orvalho. Floresço com suas flores. Seus frutos trazem alegria perfeita, frutos que foram preservados para mim desde o princípio dos tempos, frutos que agora como de bom grado. Esta árvore é alimento, doce alimento, para minha fome e fonte para minha sede; é roupa para minha nudez; suas folhas são o alento da vida. Se temo a Deus, esta é minha proteção; se tropeço, este é meu cajado; é o prêmio pelo qual luto, a recompensa de minha vitória. É meu caminho reto e estreito; é a escada de Jacó, onde anjos sobem e descem, e no topo da qual está o próprio Senhor.[1]

---

[1] Tirado de um breviário. Várias versões disponíveis.

O perdão significa que ousamos enfrentar o que fizemos. Ousamos nos lembrar de toda a nossa vida, com os fracassos e defeitos, com nossas crueldades e falta de amor. Ousamos nos lembrar de todas as vezes que fomos mesquinhos e pouco generosos, a feiúra de nossas ações. Ousamos nos lembrar, não tanto para nos sentirmos detestáveis, mas para abrirmos nossa vida para essa transformação criativa. Isso não nos deixa como somos, como se nada que fizéssemos tivesse importância. Se entrarmos nesse perdão, ele nos mudará e transformará. Tudo que é infecundo e seco dará frutos. Tudo que é sem sentido encontrará sentido. No final de *Senhor dos anéis*, Sam espalha ao redor do condado improdutivo o fertilizante mágico que os duendes lhe deram e na primavera seguinte todas as árvores florescem. É uma imagem de perdão.

Jesus pede perdão não apenas pelo que eles lhe fazem. Ele não é crucificado sozinho. Há duas pessoas, uma de cada lado, que representam todas as milhões de pessoas que crucificamos desde o princípio da história. Pense no Holocausto, do qual muitos cristãos foram cúmplices ou ao qual não resistiram. O Papa João XXIII rezou:

> Percebemos que a marca de Caim está em nossas frontes. Através dos séculos, nosso irmão Abel jaz no sangue que derramamos ou derrama lágrimas que provocamos

quando esquecemos Teu amor. Perdoa-nos a maldição que falsamente ligamos ao nome deles como judeus. Perdoa-nos por Te crucificarmos uma segunda vez na carne deles. Pois não sabíamos o que fazíamos.[2]

Quem são as pessoas que crucificamos agora, com nosso imperialismo econômico que produz tanta pobreza? Quem crucificamos por meio de nossa violência e guerra? Quem ferimos até dentro de nossos lares? Porque sabemos que o perdão vem primeiro, então ousamos abrir os olhos.

A cruz de Michael Finn

É uma cruz feita por um amigo meu, Michael Finn, que é também o pai de um amigo e irmão em São Domingos, Richard. Michael é bem conhecido por suas pinturas abstratas, mas nos últimos vinte anos de vida criou alguns crucifixos vigorosos e extraordinários. Não raro eles são feitos da madeira flutuante que ele e a mulher Cely encontravam quando passeavam nas praias perto da casa deles em Cornwall.[3] Michael morreu no

---

[2] Citado em BERKOVITS, Eliezer. *Faith after the Holocaust*. New York, 1973. p. 26.

[3] Anthony Phillips usou lindamente as cruzes de Michael Finn para ilustrar suas meditações nas sete últimas palavras. *Entering into the Mind of God*. London, 2002.

domingo de Ramos de 2002, o dia em que Jesus entra em Jerusalém para enfrentar a morte.

Se o perdão é a criatividade de Deus que nos invade e nos transforma e transforma nossa feiúra e infecundidade, então talvez precisemos de artistas como Michel para expressá-lo melhor. A beleza não é decorativa, mas torna visível a obra da graça em nossa vida. Simone Weil disse que a beleza era o sacramental do sorriso divino. A arte revela como até o objeto extremamente feio que é a cruz pode vir a ser considerado belo. Em *The Dream of the Rood* [O sonho da cruz] ela é descrita como

> *Uma Árvore magnífica que se eleva no ar,*
> *A mais brilhante das cruzes rodeada de luz.*
> *Esse farol foi gloriosamente enfeitado de ouro;*
> *Joias o adornaram diretamente no pé,*
> *cinco pretensos feixes de luz flamejante em esplendor.*[4]

Dizem que Michelangelo achou um feio pedaço de mármore que outro artista tentara esculpir, mas fracassara e arruinara a pedra. Michelangelo esculpiu nela seu famoso Davi. É isso que o perdão divino faz de uma forma que está além de nosso entendimento. Perdão significa que nossos pecados encontram lugar em nosso

---

[4] *Anglo-Saxon Poetry*. trad. e org. S. A. J. Bradley. London, 1982. p. 160.

caminho para Deus. Nenhum fracasso precisa ser um beco sem saída. E deste modo Agostinho falou do pecado de Adão e Eva como *felix culpa*, falta feliz, porque levou à vinda de Cristo. Quando pecamos, cometemos atos que são infrutíferos e absurdos e que subvertem o sentido de nossa vida. O perdão significa que pode ser contada uma história que conduz a algum lugar, à felicidade.

No século XVIII, havia um artista famoso chamado Hokusai. Ele pintou um vaso com um majestoso panorama da montanha sagrada, Fuji Yama. Então um dia alguém derrubou o vaso! Lentamente, ele colou os pedaços. Mas para recordar o que acontecera ao vaso, sua história quebrada, ele cobriu cada emenda com um fio de ouro. O vaso ficou mais belo que antes.

A cruz da Fraternidade Leiga na prisão de Norfolk

2. "Hoje estarás comigo no Paraíso" (Lc 23,43)

"Hoje estarás comigo no Paraíso." Na Sexta-Feira Santa, dois dias antes de ressuscitar dos mortos, Jesus faz a espantosa afirmação que *hoje* o bom ladrão estará com ele no Paraíso. Assim, vemos que Deus tem um senso de tempo diferente do nosso. Deus nos perdoa antes mesmo de pecarmos e Jesus promete levar esse ladrão ao Paraíso antes que ele mesmo ressuscite. A razão é que Deus vive no Hoje da eternidade. A eternidade divina entra em nossa vida agora. A eternidade não é o que acontece no fim dos tempos, depois de morrermos. Toda vez que amamos e perdoamos, pomos um pé na eternidade, que é a vida de Deus. E é por isso que podemos ser alegres até na Sexta-Feira Santa, até em face do sofrimento e da morte.

Lembro-me de ir ver um dominicano chamado Gervase Matthew que estava moribundo no hospital. Ele me disse: "Timothy, estou prestes a morrer. Vá comprar duas garrafas de cerveja para fazermos um brinde ao Reino de Deus".

Então fui chorando comprar a cerveja na loja de bebidas mais próxima. E, enquanto bebíamos, uma enfermeira passou e disse: "Padre Gervase! Sabe que não pode tomar álcool com suas pílulas". E ele respondeu: "Não seja tola. Vou morrer amanhã de manhã, por isso agora bebo ao Reino".

Quando eu disse a Gervase que precisava telefonar para cancelar uma palestra que eu devia fazer em Londres aquela noite, ele disse que jamais impediria ninguém de ensinar. Eu devia ir fazer a palestra, pois ele ainda estaria vivo quando eu voltasse no dia seguinte, e ele estava.

O homem diz a Jesus: "Lembra-te de mim quando começares a reinar". Ele reconhece que Jesus é Rei. O que significa aceitar que esse homem humilhado e impotente na cruz é Rei? Eis o que significa: Jesus prometeu-nos que alcançaremos a felicidade e nós a alcançaremos. Os seres humanos foram criados para sermos felizes e todos os poderes que ameaçam nossa felicidade não prevalecerão. A felicidade não é uma emoção que simplesmente podemos ter ou não ter. É estar vivo. Alcançaremos nosso destino e nada o impede, porque Jesus governa.

Vivemos em uma sociedade muito preocupada com a busca da felicidade. Vivemos com medo de tudo que possa ameaçar essa felicidade: solidão, malogro dos relacionamentos, fracasso, pobreza, desgraça. Hoje nos alegramos porque Jesus diz também a nós: "Estarás comigo no Paraíso". Tudo que temos a fazer é aceitar essa dádiva quando ela chega.

O Evangelho nunca diz que as duas pessoas que ladeiam Jesus são ladrões, só que são malfeitores. Mas a tradição é sábia ao chamá-lo "o bom ladrão". É uma boa descrição. Ele sabe como apossar-se do que não é dele. Dá o golpe mais impressionante da história. Consegue o Paraíso sem pagar por ele. Como todos nós fazemos. Só temos de aprender a aceitar dádivas.

Sou um de seis filhos, cinco deles homens. Meu pai era um fanático jogador de críquete e quase todos os meus irmãos sobressaiam-se nesse esporte. Eu era o fracasso mais desanimador. Meu pai nos colocava em círculo e nos fazia arremessar bolas de críquete uns nos outros. Tínhamos de aprender a arte de apanhar a bola. Deus arremessa a felicidade em nós o tempo todo. Temos de aprender a manter as mãos e os olhos abertos para podermos apanhá-la quando ela chega. Seremos bombardeados por Deus atirando-nos a felicidade, se formos perspicazes o bastante para identificá-la.

O que é essa felicidade que Jesus nos oferece? Ele a descreve como Paraíso. A palavra vem do persa e significa "jardim murado". Os chineses têm uma expressão: "Se quer ser feliz uma semana, case-se. Se queres ser feliz um mês, abate um porco. Se queres ser feliz para sempre, planta um jardim". Como típico inglês gosto dessa imagem. Mas o Paraíso é mais que passar uma eternidade vagando ao redor das roseiras.

O Evangelho de Marcos começa com o batismo de Jesus e quando Jesus sai da água, ouve-se uma voz vinda céu que proclama: "Tu és o meu Filho amado, em ti está meu pleno agrado". No centro da vida da Trindade está esse agrado mútuo do Pai no Filho e do Filho no Pai, que é o Espírito Santo. Mestre Eckhart, dominicano alemão do século XIV, disse: "O Pai ri do Filho e o Filho ri do Pai e o riso traz prazer e o prazer traz alegria e a alegria traz amor".[1] Ele descreve a alegria divina como a exuberância de um cavalo que galopa ao redor do campo, dando coices no ar.

O Evangelho narra como somos convidados a encontrar nosso lar nessa felicidade. Santa Catarina de Sena comparou-a a aquecer-se ao sol em uma cama macia ou no mar. É o agrado de Deus em nós e nosso agrado em Deus. Deus diz a cada um de nós: "É maravilhoso que existas". Podemos estar na presença de Deus com toda a nossa fraqueza e nosso fracasso, como o bom ladrão,

---

[1] Sermão 18, em Aalen F. PFEIFFER, 1962. Citado em MURRAY, Paul. Dominicans and Happiness. In: *Dominican Ashram*, Sept. 2000, p. 132.

e mesmo assim Deus sente prazer em nossa existência e nos promete o Paraíso.

Há um filme inglês chamado *Carruagens de fogo* que descreve dois atletas que treinam para as olimpíadas. O sonho deles é vencer os americanos. Um deles, presbiteriano escocês chamado Eric Liddel, diz: "Deus me fez veloz e quando corro sinto seu prazer em minha velocidade". Deus tem prazer em tudo que somos. A Igreja não tem uma palavra para dizer a respeito de questões morais até as pessoas vislumbrarem que o agrado de Deus está nelas. É o início da Boa-Nova o fato de Jesus comer e beber com cobradores de impostos e prostitutas. Enquanto esse agrado não for conhecido, nada mais será entendido.

Essa felicidade não é incompatível com a tristeza. Os santos mais alegres eram todos tristes também. São Domingos ria com os irmãos de dia e chorava à noite com Deus pelos sofrimentos do mundo. São Francisco era cheio de alegria, mas trazia o estigma da cruz. Quando contemplou o serafim no monte do Alverne, "ficou muitíssimo espantado e juntamente ficou cheio de alegria e de dor com admiração. Tinha grandíssima alegria [...], mas de outra parte [...] tinha desmesurada dor e compaixão".[2] Felicidade significa que compartilhamos

---

[2] *I Fioretti de São Francisco de Assis*. Petrópolis: Vozes, 1985. p. 153.

o agrado de Deus na humanidade. Significa que precisamos também compartilhar a tristeza de Deus pelo sofrimento de seus filhos e filhas. Não se pode ter um sem o outro. A tristeza torna oco nosso coração para que haja espaço no qual a felicidade de Deus possa morar.

O contrário da felicidade não é a tristeza. É ter coração de pedra. É recusar-se a se deixar tocar por outras pessoas. É vestir uma armadura que protege seu coração para não ser movido. Se você quer ser feliz, precisa sair de si mesmo e, então, ficar vulnerável. A felicidade e a verdadeira tristeza provocam êxtase. Libertam-nos de nós mesmos, para sentirmos prazer em outras pessoas e nos entristecermos por sua dor. O mau ladrão recusa isso. O bom ladrão ousa fazer isso, mesmo na cruz. E é por isso que ele recebe a dádiva do Paraíso.

A cruz da Fraternidade Leiga na prisão de Norfolk

Essa cruz foi feita por membros da Fraternidade Dominicana Leiga da prisão de Norfolk, em Massachusetts. Muitos de nossos irmãos ali cumprem sentenças longas. Alguns nunca conseguirão obter a condicional. Durante o cabido geral na ilha de Rodes, em 29 de julho de 2001, fui passar algum tempo com eles. Pensei que teria de animá-los, mas eles me causaram enorme alegria. Entre os presentes que me deram estava uma estátua de São Domingos esculpida em cera e essa cruz feita de papel. Por razões de segurança não lhes é permitido usar materiais mais sólidos.

Nessa cruz escreveram seus nomes. Não sabemos o nome da pessoa a quem Jesus prometeu o Paraíso, enquanto pendia da cruz. Mas todos os dias vejo os nomes desses meus irmãos que suportam a própria crucificação. Perguntaram-me o que poderia ser a vocação deles como membros da Ordem dos Pregadores nessa prisão. Sugeri que fossem pregadores de esperança. E é isso que são, para os que estão dentro e fora da prisão. Quando saí, deram-me duzentas encantadoras rosas de papel, uma para cada um dos membros do cabido geral. Isso também foi pregar o Evangelho, e compartilhar uma esperança de felicidade.

No topo da cruz escreveram o lema da ordem: "Verdade" e também *Sing a New Song* [Entoa uma nova canção], título de meu primeiro livro. Sua presença naquela prisão é o plantio da verdade evangélica em um lugar escuro, onde entoam uma nova canção muito melhor do que eu jamais entoaria.

A cruz de São Clemente

3. "Mulher, eis o teu filho! [...] Eis a tua mãe!" (Jo 19,26-27)

> Jesus, ao ver sua mãe e, ao lado dela, o discípulo que ele amava, disse à mãe: "Mulher, eis o teu filho!" Depois disse ao discípulo: "Eis a tua mãe!" A partir daquela hora, o discípulo a acolheu junto de si.

A Sexta-Feira Santa testemunhou a desintegração da comunidade de Jesus. Judas o vendeu; Pedro negou-o e, em sua maioria, os discípulos fugiram. Parece que todo o esforço de Jesus para formar uma pequena comunidade falhou. E, então, no momento mais escuro, vemos essa comunidade surgir ao pé da cruz. Em seu amigo mais íntimo, sua mãe ganha um filho e o discípulo amado ganha uma mãe.

Não é qualquer comunidade. É a nossa comunidade. É o nascimento da Igreja. Ele não chama Maria de "Mãe". Ele diz: "Mulher". O motivo é ser ela a nova Eva. A Eva antiga era a mãe de todos os seres humanos. Esta é a nova Eva que é a mãe de todos os que vivem pela fé. Assim, eis a nossa família. Aqui vemos nossa mãe e nosso irmão.

Por que nossa nova família nasce aos pés de uma cruz? Porque o que fragmenta a comunidade humana é a hostilidade e a acusação. Somos hostis aos outros porque eles não são como nós: são negros ou brancos, ou chineses; são judeus ou muçulmanos; são homossexuais; são progressistas ou conservadores. Olhamos para os outros com acusações e procuramos expulsá-los. Não raro as sociedades são construídas com base na exclusão. Procuramos bodes expiatórios que levem embora nas costas nossos medos e rivalidades.

Jesus toma sobre si toda a nossa hostilidade, todas as acusações que os seres humanos fazem uns aos outros. Ele é "a pedra que os pedreiros rejeitaram, ficou sendo a pedra principal" (Sl 118,22). Como James Alison escreveu: "Deus está entre nós como alguém desterrado".[1] No centro de nosso culto está aquele que foi expulso. Quem você acusa hoje? Quem você culpa pelos males da sociedade ou pela dor que sente?

Ser cristão é reconhecer que aos pés da cruz nasce nossa família, da qual ninguém pode ser excluído. Somos irmãos e irmãs uns dos outros. Não é apenas um

---

[1] *Knowing Jesus*. London, 1993. p. 71.

título honorário como chamar um sacerdote de "Padre". Em Cristo somos amigos e parentes. Compartilhamos o mesmo sangue, o sangue da cruz. A forma apropriada de nos dirigirmos a outro cristão é "irmão" ou "irmã". Se você começasse a fazer isso, as pessoas o olhariam como se você fosse esquisito. Somos esquisitos! Chamar alguém de irmão ou irmã não é apenas declarar um relacionamento; é a proclamação de reconciliação. Quando dá-se a conhecer aos irmãos, José lhes diz: "Eu sou José, vosso irmão, que vendestes para o Egito" (Gn 45,4). É a declaração de uma verdade curativa.

Em muitas partes do mundo e em especial no Ocidente, nossa Igreja está rachada por divisões e polarização. Maria e o discípulo amado são levados para perto da cruz pelo amor que sentem por Cristo. Mas cada um ama de um jeito diferente, como mãe e como amigo mais íntimo. Porém, ali tornam-se uma só família. Não existe competição nem rivalidade. O Novo Testamento adota todo tipo de maneiras completamente diferentes de expressar nossa fé.

Cada um de nós é conduzido a Cristo por um tipo diferente de amor. E muitas vezes não reconhecemos nosso Deus no amor de outra pessoa. Desprezamos a fé dos outros como tradicional ou progressista, como romântica e confusa, ou intelectual e abstrata. Nós a vemos como uma ameaça com a qual precisamos lidar por meio da expulsão. Mas ali, aos pés da cruz, encontramos uns aos outros como família. Imagine se fôssemos pensar no cardeal Ratzinger como nosso irmão Joseph e no professor Küng como irmão Hans, e Madre Teresa como nossa irmã. Recebemos a tarefa de estender os braços do outro lado de todas as fronteiras e hostilidades que dividem os seres humanos e dizer: "Eis meu irmão", "Eis minha irmã".

Quando a guerra com o Iraque começou, a Conferência da Liderança Dominicana dos Estados Unidos distribuiu adesivos que diziam: "Temos família no Iraque". Naturalmente, a Conferência pensava em primeiro lugar nos nossos irmãos e irmãs dominicanos, nos irmãos em Bagdá e Mossul e em nossas irmãs que estão na maior parte do país. Eles pensavam também que todos os iraquianos *são* nossos irmãos e irmãs, filhos de Abraão, independentemente de serem muçulmanos ou cristãos.

Dom Helder Câmara, arcebispo emérito do Recife, no Brasil, falecido em 1999, tinha um sentimento profundo que os mais pobres eram sua família. Se ficasse sabendo que alguém fora injustamente preso, ele telefonava à polícia e dizia: "Soube que vocês prenderam meu irmão". E a polícia pedia muitas desculpas: "Lamentamos muito, Excelência. Não sabíamos que ele era seu irmão. Por favor, venha buscá-lo". E quando o arcebispo ia à delegacia buscar o homem, os policiais diziam:

"Mas, Excelência, ele não tem o mesmo sobrenome que o senhor". E Dom Helder respondia que todos os pobres eram seus irmãos e irmãs.

Finalmente, e nossas famílias comuns, os pais que nos deram vida, as pessoas que desposamos e os filhos que procriamos? Uma família cristã nos impulsiona além de seus limites. Manda-nos para fora a fim de descobrirmos outros irmãos e irmãs que não são nossos parentes. Jesus diz a Maria: "Eis o teu filho". Abra os olhos. Veja, esta pessoa é seu filho. Os pais cristãos podem seguir esse exemplo. Você pode dizer a seus filhos: "Abram os olhos e vejam. Este estranho, este iraquiano, este russo, este judeu, este muçulmano é seu irmão ou irmã". A família deve nos educar para fazermos parte da humanidade.

Uma boa amiga minha é irmã dominicana com família grande de uns dez ou onze irmãos e irmãs. Todo Natal, eles se reúnem para uma festa. Um dia ela notou um casal que não reconheceu. Foi até eles e perguntou qual era seu parentesco. Responderam que estavam passando, viram aquela festa maravilhosa e entraram. E ficaram.

A cruz de São Clemente

No início do ano de 2004, visitei Austin Flannery, dominicano irlandês. Notei sobre sua mesa uma linda reprodução da cruz de mosaico da abside da basílica de São Clemente em Roma, que foi dada aos dominicanos irlandeses em 1677. A basílica foi um lar para a província irlandesa durante o período de perseguição, quando não era possível os irmãos viverem juntos publicamente em sua própria terra. Quando admirei essa cruz, Austin imediatamente deu-a para mim, por isso eu a valorizo acima de tudo como sinal de amizade. Santo Tomás entende o amor que é a vida da Trindade em termos de amizade. Assim, somos chamados a encontrar nosso lar na amizade divina e encontrar Deus em todas as nossas amizades.

A cruz também sugere como o nosso lar é grande. Maria está de um lado da cruz e o discípulo amado, João, está do outro. A cruz tem doze pombas. Suponho que representem os doze apóstolos que ficarão cheios do Espírito Santo em Pentecostes e serão enviados aos confins do mundo. Por isso, até nesse momento escuro, vemos em embrião a vasta comunhão da Igreja. A cruz não é apenas instrumento de tortura. Seus braços estendidos ajudam-nos a entender "qual a largura, o comprimento, a altura, a profundidade" (Ef 3,18) do amor de Deus.

A própria basílica mostra que essa comunhão estende-se não apenas através das divisões atuais entre seres humanos, mas também através do tempo. Em 1857, um dominicano irlandês chamado Mullooly começou a escavar embaixo da basílica e descobriu os restos de uma igreja do século IV que ainda é possível visitar. A cruz que vemos foi provavelmente copiada dos mosaicos daquela primeira igreja, uma das mais antigas de Roma. De fato, talvez algumas das *tesserae* datem do século IV. Se for assim, então a imagem que vemos levou oito séculos para acabar de ser feita. E abaixo da igreja do século IV foram descobertos os restos de um templo mitraísta do século I. Assim, São Clemente e esta cruz sugerem o vasto período da comunidade que surgiu abaixo da cruz de Cristo, incluindo santos e pecadores, os vivos e os mortos e estendendo os braços para toda a humanidade.

Uma cruz do Haiti

4. "Meu Deus, meu Deus, por que me abandonaste?" (Mc 15,34)

Quando chegou o meio-dia, uma escuridão cobriu toda a terra até as três horas da tarde. Às três da tarde, Jesus gritou com voz forte: *"Eloi, Eloi, lemá sabactâni?"*, que quer dizer "Meu Deus, Meu Deus, por que me abandonaste?"

Os primeiros três ditos de Jesus mostraram como até nesse momento mais escuro alguma coisa está sendo produzida aqui. Eles nos mostraram perdão, felicidade e o nascimento de uma comunidade. Mas aqui, no ponto crítico de nossas reflexões, estão essas palavras de pura desolação. Aqui temos apenas um grito de dor e solidão. É uma pergunta sem resposta? De qualquer modo, há alguma coisa a ser dita?

Em seu buraco escuro sob Beirute, Brian Keenan sentia-se "privado de Deus". É mais que duvidar da existência de Deus, como se duvidássemos que alguma personagem histórica tenha mesmo vivido. É mais que a ausência de alguém que amamos. É o desmoronamento de todo sentido, como se o cerne e centro de nossa vida tivesse sido sugado e tivéssemos ficado flutuando sobre o vazio. Ele escreveu:

> Estou cheio de nada. Minhas orações repercutem em mim como se todas as palavras que mandei para o alto fossem derramadas de volta sobre mim como uma avalanche caindo ao meu redor. Estou privado até de Deus. Minhas palavras transformam-se em tijolos e pedras que me machucam. Sou erguido e esvaziado. Sou um saco de carne e esfoladuras, um monte de lixo indesejável jogado no canto deste quarto imundo.[1]

Poucos de nós já suportaram desolação tão completa, mas pode ter havido momentos em que tivemos medo de ser engolidos pelo vazio e em que nossa vida pareciam não ter sentido nem significado porque Deus se fora. Nessas ocasiões, as provas da existência de Deus não são de grande ajuda. Palavras não ajudam muito.

Essas terríveis palavras de Jesus são uma citação do Salmo 22. Algumas centenas de anos antes, alguém estivera tão angustiado que ele ou ela anotou essas palavras. Agora Jesus toma essas palavras e se apropria delas. Ele abraça essa experiência de desolação e a compartilha.

---

[1] *An Evil Cradling*, p. 67.

Mc 15,34

Até a experiência da ausência de Deus é, de algum modo, trazida para dentro da vida de Deus.

Elie Wiesel escreveu a respeito dos terríveis enforcamentos que testemunhou quando estava em Auschwitz durante a Segunda Grande Guerra. O pior foi quando enforcaram dois adultos e um menino pequeno, que era o queridinho de todos. Todos foram enfileirados para assistir às mortes.

> As três vítimas subiram juntas nas cadeiras. Os três pescoços foram colocados ao mesmo tempo nos laços. "Longa vida à liberdade" gritaram os adultos. Mas o menino ficou em silêncio. "Onde está Deus? Onde Ele está?" Alguém atrás de mim perguntou. A um sinal do comandante do campo, as três cadeiras foram tombadas. Completo silêncio em todo o campo. No horizonte, o sol estava se pondo. Então começou a marcha em frente a eles. Os dois adultos já não viviam. As línguas pendiam, inchadas, azuladas. Mas a terceira corda ainda se movia; por ser tão leve, o menino ainda estava vivo [...]. Por mais de meia hora ele ficou ali, lutando entre a vida e a morte, morrendo em lenta agonia debaixo de nossos olhos. E tínhamos de encará-lo. Ainda estava vivo quando passei na frente dele. Sua língua ainda estava vermelha; os olhos ainda não estavam vidrados. Atrás de mim, ouvi o mesmo homem perguntar: "Onde está Deus agora?" E ouvi

uma voz dentro de mim responder: "Onde Ele está? Ele está – Ele está aqui pendendo dessa forca".[2]

Às vezes precisamos estar com pessoas que enfrentam um sofrimento que parece inútil, absurdo e sem sentido. Nós mesmos podemos viver tais momentos. Alguém que amamos enfrenta a morte de câncer quando está na plenitude da vida, ou perde um filho em um acidente. De repente vemos nossa vida arruinada e sem sentido. Neste momento em particular compartilhamos a angústia da morte no Iraque. Alguém nos pergunta: "Por quê? Por quê? Onde está Deus agora?" E ficamos aterrorizados ao descobrir que não temos nada para dizer. Todas as palavras piedosas que nos vêm aos lábios soam piores que vazias. Então tudo que podemos fazer é estar ali e acreditar que Deus também está ali.

Primo Levi, um judeu italiano, também esteve em Auschwitz. Ele relata como um dia estava ficando maluco de tanta sede e viu um belo pingente de gelo. Estendeu a mão para agarrá-lo e chupá-lo, mas foi impedido pelo guarda. Então Levi perguntou: "Warum?" (Por quê?). E o guarda respondeu: "Hier is kein warum" (Aqui não existe nenhum "por quê?").[3]

---

[2] *Night*, ET. London, 1960. pp. 76s.
[3] *If this is a man*; the Truce. London, 1965. p. 35.

Todos passamos momentos absurdos, onde não existe nenhum por quê nem para quê. Não podemos buscar respostas fáceis. Seria uma blasfêmia dar explicações. Tudo que podemos fazer é crer que Deus está aqui.

Eu estava em Ruanda, quando explodiu uma terrível violência. Aquele dia eu devia me guiar para o norte, a fim de visitar nossas irmãs dominicanas que trabalhavam nos campos de refugiados. O embaixador belga veio nos dizer para não irmos. Era perigoso demais. Mas nós negociamos para passar pelo bloqueio no limite da cidade de Kigali e seguimos para o norte. Nosso carro foi parado diversas vezes por soldados ou por rebeldes e tínhamos de descer do carro. Lembro-me de homens mascarados com espadas e armas de fogo puxando-nos para fora do carro e pensei que o fim tinha chegado. Todas as vezes conseguimos passar. Vimos a completa miséria dos campos de refugiados. Visitamos uma prisão que parecia um matadouro. Fomos a um hospital cheio de crianças que haviam perdido membros por causa de minas. Lembro-me de uma criança que perdera as duas pernas, um braço e um olho. Eles não tinham dinheiro para comprar muletas, muito menos membros artificiais, e por isso as crianças tinham de pular num pé só. Fui para fora, nas moitas, e chorei.

Aquela noite celebramos a Eucaristia na sala de estar das irmãs. As paredes estavam cheias de buracos de bala da luta recente. Quando chegou a hora de fazer um pequeno sermão, eu não tinha palavras para tudo que havia visto. Nunca vira tanto sofrimento antes. Tudo que eu poderia dizer parecia repetitivo, banal. Mas eu não tive de dizer nada. Reencenamos o que Jesus fez na noite antes de morrer. Repetimos suas palavras: "Isto é meu corpo, que será entregue por vós".

Quando pronunciamos palavras de completa angústia, lembramo-nos de que na cruz Jesus se apossou delas. E quando não encontramos palavras, nem mesmo para gritar, então podemos tomar as dele.

Uma cruz do Haiti

Esta cruz foi pintada por um camponês de nossa paróquia nas montanhas ocidentais do Haiti, um dos países mais pobres do mundo. Durante anos o povo sofreu sob uma ditadura desumana. Se alguém se opunha de alguma forma àquela tirania, era levado embora. Em geral alguns dias depois seus corpos eram encontrados em uma vala. Quando um corpo era descoberto, um dos irmãos ia fotografá-lo para que houvesse algum registro e não se perdesse a memória do assassinato. Quando visitei pela primeira vez o país, havia um novo governo e uma forma de democracia voltara, mas a pobreza ainda era imensa.

Nesta cruz há uma trilha que serpenteia e sobe pela coluna central. Não vemos o fim da viagem, mas acreditamos que haja um. Na trilha caminha um camponês de costas para nós. Nessa cruz foi pregado aquele que em seu dialeto crioulo é chamado *Bondié Pitit*, "O pequeno do bom Deus". O camponês está sozinho e presumimos que em silêncio. Muitos haitianos ainda trilham esse caminho de sofrimento. E, no entanto, ao longo da trilha cresce toda espécie de plantas exóticas e ela leva a uma alta palmeira com longas copas, sinal de esperança. E além das colinas, vemos os primeiros sinais do alvorecer.

Esta é a cruz que, quando viajo, sempre a levo comigo juntamente com um pequeno ícone de Nossa Senhora e o Menino Jesus, do começo e do fim da vida de Jesus. Ela está um pouco suja e às vezes tenho de colá-la de novo, quando se quebra. O Evangelho diz que devemos tomar nossa cruz todos os dias e seguir Jesus, o que soa um tanto desalentador, mas esta é uma cruz que me alegra levar em minhas viagens. Se viajamos muito, precisamos de sinais de continuidade, de um lar refeito na viagem. E assim este camponês na sua trilha viaja comigo e tenho esperança de que, em pequena escala, eu viaje com ele.

Uma cruz de El Salvador

5. "Tenho sede"!
(Jo 19,28)

Depois disso, sabendo Jesus que tudo estava consumado, e para que se cumprisse a Escritura até o fim, disse: "Tenho sede"!

Bem no início do Evangelho de João, Jesus encontrou a samaritana junto à fonte e lhe disse: "Dá-me de beber!". No início e no fim da narrativa Jesus pede-nos para satisfazermos sua sede. É como Deus vem a nós, em uma pessoa sedenta que espera alguma coisa que temos para dar. O relacionamento de Deus com a criação é inteiramente dádiva. Ser criatura é receber a existência como dádiva. Deus deseja ter amizade conosco e amizade sempre significa igualdade. E assim, aquele que nos dá tudo nos convida à amizade, pedindo uma dádiva em troca, seja o que for que tenhamos para dar. O rabino chefe Jonathan Sacks explica que, conforme a tradição judaica, devemos não só dar aos pobres, devemos possibilitar que eles também deem aos outros. Faz parte da dignidade deles serem não só recebedores, mas também doadores. Há um provérbio africano que diz que a mão que dá está sempre no ponto mais alto e a mão que recebe está mais embaixo. Deus faz amizade conosco vindo a nós como o que solicita o que temos.

Acima de tudo ele nos quer. Em geral achamos que é muito difícil alcançarmos Deus. Precisamos conseguir perdão; precisamos ser bons, do contrário ele nos desaprovará. Mas isso é errado. Deus vem a nós antes mesmo de nos voltarmos para ele. Deus tem sede de nosso amor. Está atormentado pelo desejo de nós. Como escreveu a mística do século XIV Juliana de Norwick:

> O mesmo desejo e a mesma sede que ele teve na cruz (e esse desejo, anelo e sede, a meu ver, estavam nele desde sempre) ele ainda os tem e terá até quando a última alma que for salva alcançar sua bem-aventurança. De fato, tão verdadeiramente como há em Deus um atributo de verdade e piedade, há em Deus um atributo de sede e desejo [...] que nele vai perseverar enquanto precisarmos, atraindo-nos para sua bênção [...]. O desejo e a sede espiritual de Cristo perseveram e vão perseverar até o dia do juízo final.[1]

---

[1] HUDLESTON, Dom Roger (org). *Revelations of Divine Love*. London, 1927. p. 76.

Há uma coisa muito embaraçosa no fato de admitir que você anseia por alguém, quando essa outra pessoa não retribui plenamente. Sentimo-nos tolos e vulneráveis ao admitir que amamos mais do que somos amados. No momento em que confessamos francamente nosso desejo, tornamo-nos expostos a rejeição e humilhação. Contudo, é isso que acontece com Deus. Deus está com muita sede de nós e de nosso amor e, no entanto, precisa conformar-se com o afago ocasional na cabeça. "Oh! É domingo, é melhor irmos visitar Deus", como se Deus fosse um parente enfadonho. Assim, quando nos vemos amando mais do que somos amados, estamos na posição de Deus. Como disse C. S. Lewis: "É privilégio divino ser sempre menos o amado e mais o apaixonado".[2] Então ousamos dizer com o poeta Auden:

Se não podem existir afeições iguais,
Que seja eu o que mais ama.[3]

Também temos sede. Os medievais achavam que Cristo na cruz estava esmagando as uvas para fazer o vinho que saciaria nossa sede. Assim como em Caná

---

[2] *Four Loves*. London, 1960. p. 184.
[3] The More Loving One. *Collected Shorter Poems*. p. 282.

ele transformou água em vinho, na cruz ele faz de seu sangue o vinho da vida eterna. No último dos quinze Ós de Santa Brígida, está a oração:

> Ó Jesus, vinho verdadeiro e fecundo, lembra-te do transbordamento e da abundante efusão de teu sangue que derramaste copiosamente como se espremido de um cacho de uvas, quando na cruz pisaste sozinho no lagar do vinho.[4]

Talvez ainda não tenhamos realmente sede de Deus. Talvez só tenhamos pequenas sedes: do bom vinho tinto comum de Napa Valley em vez do vinho do Reino, de um pouco mais de dinheiro, de companhia, de sucesso no trabalho. Se esses são nossos pequenos desejos, então, é aí que precisamos começar. A samaritana queria água, por isso foi à fonte e ali encontrou Jesus. Se somos sinceros quanto a nossos pequenos desejos, então eles também nos conduzirão a Jesus. Aprenderemos a sentir sede de mais, até mesmo a sentir sede de Deus, que tem sede de nós. Muita gente pensa que a religião é o controle do desejo. O desejo

---

[4] DUFFY, Eamon. The Stripping of the Altars. p. 252.

é perigoso e perturbador e, desse modo, a religião ajuda-nos a dominá-lo. Mas tradicionalmente não tem sido esse o ensinamento da Igreja. Somos convidados a aprofundar nossos desejos, a tocar sua fome oculta, a libertar o desejo em reconhecimento de seu objetivo último.

A sede é experiência muito fundamental. Só senti realmente sede uma vez, quando caminhava com meus irmãos no calor do deserto de Jerusalém a Jericó. Depois de algum tempo, começamos a nos sentir desorientados, quase desencarnados. Um de nossos companheiros ficou ligeiramente maluco de sede, mas para os que enfrentam o sofrimento, a sede é, não raro, o clímax de suas provações.

Brian Keenan, em seu buraco do inferno em Beirute, deseja ardentemente palavras e água:

> Preciso racionar minha água potável, pois sempre tenho medo de tomá-la toda e acordar no meio da noite com uma sede intensa que não posso saciar. Penso na hidrofobia e na sede intensa de cachorros loucos e sei como seria fácil ficar louco de sede. Agora sei o pleno significado da expressão usada com tanta frequência em nossa vida cotidiana: "Ele estava louco de sede".

E, em outra ocasião, quando ele está com o companheiro, John McCarthy, um dos guardas pergunta-lhe o que ele quer:

> "Água, dê-me um pouco d'água", respondi, zangado, sem me importar que percebessem minha raiva. Deram-me uma garrafa d'água. Eu a traguei sofregamente, quase me sufocando com outro enorme gole de água. "John", eu disse de novo, "aqui, beba". Passei-lhe a garrafa. Um dos guardas perguntou de novo: "Quer alguma coisa?", e eu respondi sem sarcasmo: "Sim, quero uma piscina!". Eu queria me acalmar em água fria, clara, fresca. Queria sentir meu corpo mover-se languidamente por ela, estar sozinho e livre na vasta luz do sol, com água fria acariciando-me a carne.[5]

Se não parece absurdo mencionar esse terrível sofrimento vivido com uma ficção, não posso deixar de mencionar que a sede é o clímax do mito mais popular de nosso tempo, *O senhor dos anéis*. No final da longa caminhada de Frodo e Sam, o teste final, quando sobem a montanha para destruir o anel, o supremo desafio é a sede.

> Na última parada, Frodo caiu prostrado e disse: "Estou com sede, Sam", e não falou mais nada. Sam

---

[5] *An Evil Cradling*. pp. 63, 216.

deu-lhe um gole de água, só restava mais um gole. Ele mesmo não tomou nada; e agora, quando mais uma vez a noite de Mordor fechava-se sobre eles, através de todos os seus pensamentos veio a lembrança da água; e todo riacho, córrego ou fonte que ele já vira, debaixo da sombra de verdes salgueiros ou cintilando ao sol, dançava e murmurava para seu tormento por trás da cegueira de seus olhos.[6]

Por que a sede de água é tão fundamental? Talvez seja porque nossos corpos são 98% água. A desidratação é o vazamento de nossa existência, de nossa substância. Sentimos que estamos evaporando. Com muita frequência o último desejo dos moribundos é de alguma coisa para beber. Também simboliza aquela sede mais profunda daquele que nos dá substância e existência a todo momento e que promete a vida eterna: "Ó Deus, tu és o meu Deus, desde a aurora te procuro. De ti tem sede a minha alma, anela por ti minha carne, como terra deserta, seca, sem água" (Sl 63[62],2).

---

[6] *A volta do rei*. Livro 6, Mount Doom (várias edições).

Uma cruz de El Salvador

Esta cruz foi um presente que recebi em El Salvador, e é típica do país. Durante minha primeira visita à Província da América Central tive um encontro com os noviços e cada um deles deu-me um presente, alguma coisa que ele mesmo fizera: um quadro, um poema, uma canção, uma cruz, um pote, ou outra coisa. Não havia nenhum esnobismo artístico. Faz parte da vida comum de homens e mulheres ser criativo. Se o presente é para representá-lo, é correto que seja um trabalho seu. Quando viajei por toda a parte onde a Ordem estava, recebi incontáveis presentes e era da mais profunda importância recebê-los com gratidão, mesmo se às vezes eu não conseguisse imaginar como carregar todos eles. Certa vez cheguei ao Vietnã com 8 quilos de bagagem e parti com 65 quilos!

Na cruz, o Jesus agonizante pede a dádiva da água. Mas logo ele morrerá, seu lado será aberto e sairá água viva. Ele revelará nossa fertilidade. Como ele disse no templo: "Se alguém tem sede, venha a mim, e beba quem crê em mim" – conforme diz a Escritura: "Do seu interior correrão rios de água viva" (Jo 7,37s).

Esta cruzinha mostra-nos a fertilidade da cruz, com seus frutos e flores e uma vaca e um coelho multicoloridos. Em seu centro, onde estava o corpo de Cristo, está a mulher, a quem devemos nossa existência graças a sua fertilidade, e que muitas vezes tem sido tão negligenciada pela Igreja. Que o Corpo de Cristo seja nutrido pela sabedoria e criatividade das mulheres.

A cruz do rosário

6. "Está consumado"
(Jo 19,30)

Havia ali uma jarra cheia de vinagre. Amarraram num ramo de hissopo uma esponja embebida de vinagre e a levaram à sua boca. Ele tomou o vinagre e disse: "Está consumado". E, inclinando a cabeça, entregou o espírito.

"Está consumado." O grito de Jesus não significa que tudo acabou e que agora ele vai morrer. É um brado de triunfo. Significa: "Está completo". O que ele diz literalmente é: "Está concluído". No início da última ceia, São João nos diz que, "tendo amado os seus que estavam no mundo, amou-os até o fim". Na cruz, vemos a perfeição do amor.

Espero que tenhamos todos sido tocados por sonhos de amor perfeito, amor que é incondicional e completo. Quando somos jovens, ficamos enfeitiçados e pensamos que ninguém jamais esteve tão completamente apaixonado como nós. Pelo menos eu pensei! Lembro-me de apaixonar-me precipitadamente por uma prima em um baile, quando eu tinha dezesseis anos. Eu a conduzia pelo salão em êxtase e de uma maneira bastante absurda. Mais tarde eu a encontrei aos beijos com outro no meio dos arbustos. Não foi por isso que entrei para os dominicanos!

Quando as pessoas se casam, em geral, são mais maduras do que eu era nessa ocasião, mas quase sempre ainda têm o sonho da perfeição do amor. Não importa o que digam, muitas pessoas se casam tendo certeza que estão no início da eterna beatitude. E quando entrei para a Ordem, como um jovem de vinte anos um tanto inocente eu tinha certeza que amaria Deus e os irmãos completamente e para sempre. A lua de mel não acabaria nunca.

Acaba. Logo descobrimos que nosso amor não é tão perfeito. Não nos transformamos e continuamos a mesma pessoa interesseira, egoísta de antes. E a pessoa amada também já não parece tão fantástica quanto antes. Ele ou ela talvez seja egoísta, tenha um senso de humor terrível, ronque, ou tenha outros hábitos irritantes. Aquele sonho de amor perfeito foi só uma ilusão? Ficamos cínicos?

Essas palavras de Jesus convidam-nos a continuar procurando amar perfeitamente. Chegaremos a essa plenitude de amor finalmente e no fim. De fato, cada um destes ditos de Jesus mostra-nos os passos sucessivos na expressão profunda de seu amor por nós. "Perdoa-lhes! Eles não sabem o que fazem!" Nessas palavras ele nem mesmo se dirige a nós. Fala com seu Pai. "Hoje estarás comigo no Paraíso". É um amor mais íntimo. É dirigido a nós, mas do alto, como um rei. "Eis a tua mãe!" Eis o teu filho!" É mais um passo em direção à intimidade, dirigido a nós, não como rei, mas como nosso irmão. "Meu Deus, meu Deus, por que me abandonaste?" é tão profundamente íntimo que ele entra em nossas almas e adota nossa desolação. Mas a perfeição do amor está nas palavras: "Tenho sede!". A plenitude do amor é quando Jesus suplica alguma coisa de nós e a aceita com gratidão. Agora seu amor está completo.

Os soldados dão a Jesus o que eles têm, um velho vinagre azedo. É provável que tivesse gosto desagradável, mas é o que soldados pobres bebiam e assim o compartilharam. Eles não podiam pagar um vinho razoável. Jesus aceita o que eles têm a oferecer. Na alimentação dos cinco mil, Jesus perguntou aos discípulos o que eles tinham para dar à multidão e eles responderam: "Só temos aqui cinco pães e dois peixes". Não é muito. Diante de nosso mundo faminto, com milhões passando fome, talvez pensemos que não temos muito a dar. Se dermos o que temos, será o bastante.

A perfeição do amor é quando recebemos a dádiva da outra pessoa como ele ou ela é. Eles podem não ser bem o que tínhamos sonhado. São menos inteligentes, menos espirituosos do que esperávamos. Com certeza um dia serão menos bonitos. Sonhamos um clarete de primeira safra e o que obtivemos talvez seja apenas vinagre. Se aceitarmos essa dádiva com gratidão, então nosso amor estará a caminho da perfeição.

O filme *Simplesmente amor* começa e termina no saguão de chegadas do aeroporto de Heathrow. Ouvimos Hugh Grant assegurando-nos que, se abrirmos os olhos, veremos que o amor está totalmente a nossa volta. Pode nem sempre ser heroico, ou romântico, ou entre gente bonita. Ser taciturno e estar tateando para ter voz. Vem em todo tipo de formas esquisitas, entre pessoas de gerações diferentes, de sexo diferente ou do mesmo sexo. Mas onde ele estiver, Deus estará presente.

O amor perfeito é possível e nós o vemos na cruz. Se amamos de algum modo, o amor perfeito de Deus faz sua morada em nosso amor frágil e defeituoso. Santo Agostinho escreve: "Começaste a amar? Deus começou a morar em ti".[1] Se aceitarmos amar a outra pessoa como ela é, sem queixa nem culpa, o amor perfeito de Deus fará sua morada em nós.

A cruz do rosário

É a cruz de um rosário feito pelas monjas dominicanas do convento de Catamarca, na Argentina. O provincial da Argentina trouxe-o ao cabido geral em 1992

---

[1] Em 1, Jn. 8.

no México para ser dado a quem fosse eleito mestre da Ordem, como sinal de suas orações e seu amor. Assim, não era um presente destinado a mim pessoalmente. Apenas aconteceu de ser eu a pessoa eleita. Pode-se pensar que isso o tornaria menos significativa. Como poderiam amar esta pessoa desconhecida? Detesto aquelas mensagens automáticas em estacionamentos e lojas, que lhe asseguram ser você alguém profundamente significativo, que eles apreciam muito ter como cliente. Palavras vazias.

E, contudo, esse penhor das monjas tem realmente um profundo significado cristão. É-nos ordenado que amemos nosso próximo como a nós mesmos. Não sabemos quem será esse próximo nem se ele ou ela será obviamente digno de amor. Contudo, há uma confiança fundamental que, como foram criados por Deus, são realmente dignos de amor, basta que os vejamos com os olhos de Deus, que ama tudo que ele fez. A dádiva deste rosário expressa a crença no Criador que vê que o que ele fez é muito bom. Santo Agostinho escreveu bem no fim de *Confissões*: "Vemos todas estas coisas e todas elas são muito boas, porque as contemplais em nós, ó Deus, que nos concedestes o Espírito para as podermos ver e para nelas vos amarmos".[2]

Ver a bondade de outra pessoa muitas vezes exige certa tranquilidade. Precisamos estar com ela, sem

---

[2] XII,34.

pressa, passando tempo com ela. Se estivermos com pressa, é mais provável que a vejamos em termos funcionais como útil ou como empecilho a nossos projetos. A perfeição do amor subentende tempo livre, onde somos receptivos uns aos outros, quase passivamente atentos.

Durante meus anos de viagem, raramente tive algum tempo livre. Os mestres da Ordem sempre se queixam de estar ocupados demais para rezar. Raimundo de Peñafort escreveu à prioresa de Bolonha que estava tão ocupado na corte papal que "raramente posso alcançar ou, para ser bem sincero, até ver de longe a tranquilidade da contemplação [...]. Assim, é uma grande alegria e um enorme consolo para mim saber que recebo a ajuda de vossas orações.[3]

Jordão da Saxônia, sucessor imediato de Domingos, escreve a sua amada Diana: "Reza por mim sempre e com fervor ao Senhor; tenho muita necessidade de orações por causa de minhas faltas e eu mesmo só rezo raramente".[4] Durante meus anos de mestre, eu viajava até oito meses por ano e, em geral, toda noite dormia em uma cama diferente. Não havia tempo nem para ficar quieto. Como aconteceu com Jack Aubrey no livro *HMS Surprise*, nunca havia um momento a perder. Lembro-me da vergonha que passei quando, durante uma conversa no México, um

---

[3] TUGWELL, Simon, op (org.). *Early Dominicans*; Selected Writings. New York, 1982. p. 409.

[4] Ibidem. Carta 25. p. 104.

amigo observou que eu olhara duas vezes no relógio desde que começáramos a conversar.

A dádiva deste rosário era um lembrete de que essas monjas contemplativas da Argentina desfrutavam de uma paz mais profunda que a minha, eu esperava, e que se lembravam de mim em suas orações. Era uma promessa e uma lembrança dos momentos necessários de silêncio, a fim de que nossos olhos se abram para reconhecer e amar a bondade dos outros.

Em 2003, a Tate Britain[5] celebrou o Natal com um álamo decorado com quinhentos rosários. Era uma bem-vinda melhoria em relação ao pinheiro e lata de lixo invertida usados anteriormente. Essa árvore de Natal lembra-nos que, como disse seu criador, Mark Wallinger: "Só celebramos o nascimento de Cristo no conhecimento de como ele morreu". Segundo uma tradição, a cruz era feita de álamo. A recitação dos mistérios do rosário leva-nos através da narrativa da vida de Cristo, de Belém ao túmulo vazio. Conduz-nos ao longo da viagem. Assim é, de alguma forma, adequado que a tradição afirme que Nossa Senhora deu o rosário a Domingos, o pregador itinerante. É um bom presente de nossas monjas contemplativas para um viajante. É um modo de oração que oferece momentos de tranquilidade mesmo quando estamos viajando.

---

[5] Galeria de arte moderna do Reino Unido, sediada em Londres. N.E.

A pietà da Aids

7. "Pai, em tuas mãos entrego o meu espírito" (Lc 23,46)

Já era mais ou menos meio-dia, e uma escuridão cobriu toda a terra até as três da tarde, pois o sol parou de brilhar. O véu do Santuário rasgou-se pelo meio, e Jesus deu um forte grito: "Pai, em tuas mãos entrego o meu espírito".

A primeira e a última das sete palavras são dirigidas ao Pai. A quarta palavra, a palavra central, o ponto decisivo, também é, mas na aparente ausência de Deus. No ínterim, ele se dirige a nós com grande intimidade: como rei, como irmão e como pedinte. Agora ele devolve tudo ao Pai. Entrega-nos a todos, com todos os nossos medos e esperanças, de volta nas mãos de Deus. É o supremo ato de confiança.

Vivemos em uma época de profunda ansiedade. Ficamos apreensivos com a doença e a indisposição, com nosso futuro, com nossos filhos, com nossos empregos, com o fracasso, com a morte. Sofremos de profunda insegurança, um malogro da confiança. Isso é estranho, porque estamos muito mais protegidos e seguros que qualquer geração anterior da história humana, pelo menos no Ocidente. Temos medicina melhor, transporte mais seguro; estamos mais protegidos do clima, temos mais seguro social. E, no entanto, temos mais medo.

Passei nove anos como mestre da Ordem e viajei pelo mundo todo em muitos lugares perigosos. Vi guerra civil e genocídio na África, milhares de pessoas com lepra, sinais de violência interminável. Mas quando voltei ao Ocidente, vi pessoas que pareciam ter mais medo que em qualquer outro lugar. O 11 de setembro aprofundou esse sentimento de ansiedade. Eu estava em Berkeley, Califórnia, quando aqueles envelopes com antraz foram enviados e o pânico era tangível. Mas não precisamos ter medo. Jesus nos entregou nas mãos do Pai.

Desconfio que essa ansiedade difusa origina-se do fato de termos uma cultura de controle. Controlamos tantas coisas: fertilidade e nascimento, tanta doença pode ser curada; controlamos as forças da natureza; cavamos a terra e represamos os rios. E nós, ocidentais, controlamos a maior parte da humanidade. Mas o controle nunca está completo. Estamos cada vez mais cientes de que nosso planeta caminha para o desastre. Vivemos no que Anthony Giddens chama de "mundo fugitivo".

Acima de tudo, temos medo da morte, que desmascara nossa grande falta de controle. Em *Um homem só*, de Christopher Isherwood, um homem de meia-idade olha-se no espelho:

> Olhando fixamente no espelho, dá para ver muitas faces dentro de sua face – a face da criança, do menino, do jovem, do homem não tão jovem –, todas ainda presentes, preservadas, como fósseis em camadas superpostas e, como fósseis, mortas. Sua mensagem para esta criatura moribunda viva é: Olhe para nós – já morremos – o que há para se temer? Ela lhes responde: "Mas isso aconteceu de maneira gradativa, com tanto sossego. *Tenho medo de que me apressem*".[1]

Um amigo meu tinha em seu quarto um letreiro que dizia: "Não se preocupe. Talvez não aconteça". Compus outro para ele que dizia: "Não se preocupe. Provavelmente vai acontecer. Mas não será o fim do mundo". Não será o fim do mundo porque o mundo já acabou. Quando Jesus morre, o sol e a lua escurecem; os túmulos abrem-se e os mortos andam. É o fim daquilo que os profetas falaram. O pior que se pode imaginar

---

[1] *A Single Man*. London, 1964. p. 8. [Ed. bras. *Um homem só*. Rio de Janeiro: Nova Fronteira, 1985.]

já aconteceu. O mundo desmoronou. E então houve o domingo de Páscoa.

Pense um momento em tudo que você mais teme. Para mim pode ser a vergonha da humilhação pública? Ou a solidão? Ou a morte dolorosa? Ou ver a morte prematura de alguém que se ama? Podemos tomar toda precaução possível para evitar esses desastres. Podemos comprar todas as apólices de seguro do mundo, levar vida saudável, fazer esportes e nunca viajar de avião, fazer exames médicos completos e parar de fumar. Mas, mesmo assim, o que mais tememos pode acontecer. Jesus nos pede que não tenhamos medo. Tudo que tememos aconteceu com ele na Sexta-Feira Santa, o dia em que mundo velho acabou e um mundo novo começou.

"No sétimo dia, Deus concluiu toda a obra que tinha feito; e no sétimo dia repousou de toda a obra que fizera" (Gn 2,2). Os rabinos ficaram perplexos com o fato de Deus acabar o trabalho no sétimo dia, mas não ser dito o que ele fez nesse dia. E se concluiu que ele descansara. "O que foi criado no sétimo dia? Tranquilidade, serenidade, paz e repouso".[2] O descanso era o objetivo e a conclusão da criação.

Portanto, agora Jesus falou suas sete palavras, que levam à nova criação do domingo de Páscoa. E então

---

[2] HESCHEL, Abraham Joshua. *The Sabbath*. New York, 1951. p. 21.

ele descansa. Deus nos criou para compartilharmos esse descanso e para que Deus descanse em nós. Esse descanso não é a ausência de atividade; é uma volta ao lar. "Se alguém me ama, guardará a minha palavra; meu Pai o amará, e nós viremos e faremos nele a nossa morada" (Jo 14,23).

Ambrósio de Milão considerou o descanso de Jesus na cruz a conclusão do descanso de Deus no sétimo dia da criação. Ele agora descansa em nós depois do trabalho de sua paixão. Em seu comentário dos seis dias da criação ele escreveu:

> O sexto dia está agora concluído; a totalidade da obra do mundo foi concluída. A humanidade foi criada, a humanidade que governa toda coisa viva, a humanidade que é o resumo de todo o universo, a humanidade que é o deleite de toda criatura no mundo. Com certeza, agora está na hora de darmos nossa contribuição de silêncio, pois agora Deus descansa de seu trabalho de fazer o mundo. Ele encontrou descanso nos lugares profundos da humanidade, na mente, na vontade e no propósito da humanidade, pois ele fez a humanidade com o poder da razão, ele fez a humanidade para imitar a si mesmo, para empenhar-se na virtude, para ansiar pela graça do céu. Deus encontra conforto aqui como ele mesmo atesta quando diz: "Em quem encontrarei descanso senão naquele que é

humilde e calmo e que está cheio de admiração pelas minhas palavras?". Dou graças ao Senhor nosso Deus que fez uma obra tal que nela encontrou descanso. Ele fez os céus, mas não leio que então ele descansou. Ele fez a terra, mas não leio que então ele descansou. Ele fez o sol, a lua e as estrelas, mas não leio que ali ele encontrou descanso. O que leio é isto: ele fez a humanidade e então encontrou descanso naquele de quem ele poderia perdoar os pecados.

Assim ele nos deu uma imagem simbólica da paixão do Senhor que ainda estava no futuro. Ele nos revelou como um dia Cristo encontraria descanso na humanidade. Previu para si mesmo aquele sono da morte física que ele um dia sofreria para redimir a humanidade. Escutai novamente o que ele diz: "Durmo e descanso e ressuscito, pois é o Senhor que me protege". Ele, o Criador, descansou. Para ele honra, louvor e glória para sempre, glória desde o princípio dos tempos, glória agora, glória sempre, glória por toda a eternidade. Amém.[3]

A pietà da Aids

Na Grã-Bretanha, no início da década de 1980 começamos a tomar consciência de uma nova enfermidade, a Aids. Alguns dominicanos da província inglesa

---

[3] Hexaemeron, ix, IQ, 75-76.

Lc 23,46

começaram a refletir sobre como a Igreja poderia reagir. Principalmente naqueles dias as vítimas da Aids não raro sofriam exclusão e isolamento. Um jovem que agonizava no hospital tinha de arrastar-se para fora da cama a fim de obter comida, pois ninguém ousava trazê-la a seu quarto. Parecia-nos que a acolhida que as vítimas da Aids receberam da Igreja foi um teste de nossa fidelidade ao Evangelho. Uma pequena iniciativa foi a encomenda deste ícone de Frances Meigh. Na Pietá original de Michelângelo, Jesus morto finalmente descansa nos braços de sua mãe. Aqui o jovem com Aids ainda está vivo e descansa nos braços de Jesus que venceu a morte. No fundo vemos a cruz na qual Jesus foi pregado e abriu os braços a todos os que são expulsos. Pois o Corpo de Cristo tem Aids.

Este jovem descansa, em paz e em casa. Ele não tem mais necessidade como o resto de nós de justificar sua presença. Enquanto ele estiver em casa, ninguém do resto de nós pode ali estar. Em maio de 2003, visitei um abrigo para doentes de Aids em Phnom Penh, no Camboja, dirigido por um sacerdote americano, Jim. Era uma estrutura simples, com um balcão nos fundos que dava para arrozais onde búfalos da Índia revolviam a terra. Os que já não podiam receber cuidados em casa, ou que eram encontrados doentes na rua, eram levados para lá. Alguns recuperavam um pouco de força e podiam ir para casa, quando tinham casa. A maioria vinha ali para morrer. Havia um jovem que era quase um esqueleto. Seu cabelo estava sendo cortado e lavado com ternura. Ele parecia completamente em paz. Podia-se perguntar se cuidar deste jovem faria diferença. Milhares de pessoas com Aids ainda eram deixadas para morrer nas ruas da cidade. Mas é sinal daquela volta ao lar que é prometida a nós todos. Neste ícone, Jesus olha para nós e nos convida a também compartilhar sua paz.

Epílogo

Além do silêncio

Agora Jesus falou sua última palavra na cruz. Há silêncio. Precisamos esperar a ressurreição para romper o silêncio do túmulo. Deus sempre deseja que aguardemos sua palavra. Deus prometeu um herdeiro para Abraão e Sara, mas eles tiveram de esperar dezenas de anos para a concepção de Isaac. Deus prometeu a seu povo o Messias, mas eles tiveram de aguardar milhares de anos. Deus nunca se apressa para falar.

Esta espera é difícil para nós que fazemos parte da geração do agora. A demora nos impacienta. Na Internet a comunicação é quase instantânea. Como escreveu Zymunt Bauman, tiramos "a espera do querer".[1] Confesso ser um homem moderno, não da maneira tocante de Beckham, mas com a mesma profunda impaciência, embora eu tenha aprendido a moderar um pouco minha atividade, passando grande parte de nove anos esperando em aeroportos. Um dia em Abidjan disseram-me que um avião estava atrasado. "De quanto é o atraso?" "De três dias"!

---

[1] *Liquid Modernity*. Cambridge, 2000. p. 76.

Como costumávamos cantar: "Por que estamos esperando?" A Palavra de Deus vem como dádiva. Não podemos nos apoderar dela. Não podemos fazer dela nossa propriedade e dominá-la. A Palavra vem como uma pessoa, o que na verdade ela é. Nós a devemos à cortesia de paciente atenção, deixando-a vir quando ela quer. Simone Weil escreveu que "não obtemos as dádivas mais preciosas indo à sua busca, mas sim esperando por elas [...]. Esta maneira de olhar é, em primeiro lugar, atenta. A alma esvazia-se de todo o seu conteúdo a fim de receber o ser humano que ela está olhando, exatamente como ele é, em toda a sua verdade...".[2]

Do mesmo modo que precisamos dar aos outros o espaço para eles mostrarem quem são, precisamos dar a Deus o espaço para ele conceder essa Palavra, atentos no silêncio do Sábado Santo. Ela vem, como Yann Martel escreve em *A Vida de Pi*, "sem nenhuma ameaça vinda do púlpito, nenhuma condenação de igrejas ruins, nenhuma pressão dos colegas, só um livro das Sagradas Escrituras esperando tranquilamente para dizer olá, tão terno e intenso quanto o beijo de uma garotinha em tua face".[3]

---

[2] *Waiting for God*. London, 1951. p. 169.
[3] *The Life of Pi*. Edinburgh, 2002. p. 208. [Ed. bras.: *A vida de Pi*. Rio de Janeiro: Rocco, 2004.]

Temos de esperar a Palavra em silêncio porque ela irrompe de dentro da linguagem humana. Deus não é uma pessoa invisível muito poderosa, que vem de fora fazendo barulho, como um super-homem celeste ou um presidente Bush universal. Não podemos imaginar o que significou para Jesus ser ressuscitado, mas é de se presumir que não fosse um acontecimento externo, mas sim o transbordamento da mais profunda interioridade de sua vida com o Pai. Assim, a Palavra não vem de fora, mas forma-se dentro de nossa linguagem humana. A Palavra de Deus não desce do céu como um esperanto celeste. Leva tempo para fecundar a linguagem humana com a Palavra de Deus. A fecundidade não se apressa.

Foram necessários milhares de anos para haver uma linguagem na qual a Palavra de Deus pudesse ser de algum modo falada. Profetas, escribas, advogados, cortesãos e homens e mulheres comuns tiveram de esforçar-se na atenção a Deus para formar uma linguagem na qual Jesus pudesse pronunciar as palavras da vida eterna. Experiências de exílio e libertação, da ascensão e queda de reinos, a evolução de novas noções da lei e do amor, adoção da sabedoria dos egípcios e assírios, os mitos de cananeus e babilônios, tudo isso era necessário a fim de que a linguagem estivesse pronta para a Palavra habitar entre nós.

Assim, agora deve haver silêncio enquanto aguardamos a dádiva da Palavra que rompe o silêncio. Até a formulação destas sete últimas palavras de Jesus levou décadas. É provável que o primeiro Evangelho só tenha sido escrito quarenta anos depois da ressurreição e o último Evangelho talvez vinte ou trinta anos depois desse primeiro. A comunidade de Marcos passou por uma crise aguda de espera no início dos anos 70 em Roma. Os apóstolos estavam morrendo, a Igreja sofria perseguições. Os cristãos traíam uns aos outros e apostatavam, e ainda assim Jesus não vinha. Ele viria algum dia? Foi em vão que pusemos nossa esperança em suas palavras? Mas Jesus não veio com sons de trombetas, como a cavalaria vindo socorrer-nos. Veio de dentro de nossa linguagem nos escritos de Mateus, Marcos, Lucas e João. Irrompeu em novas palavras de graça e verdade. A Igreja tinha de suportar uma gestação prolongada antes que as palavras fossem concedidas.

Essa espera pela Palavra exige de nós silêncio e atenção, mas também às vezes uma difícil luta mental. Precisamos aprender a ficar despreocupados, mas isso não basta. Também temos de lutar e nos esforçar para receber a Palavra que é dada agora. Annie Dillard capta bem a combinação de dádiva e trabalho duro que está envolvida no recebimento da Palavra:

> Na melhor das hipóteses, a sensação de escrever é a de qualquer graça imerecida. É-lhe transmitida, mas só se você procurá-la. Você busca, parte seu coração, suas costas, seu cérebro e então – só então – ela lhe é transmitida. Pelo canto do olho você vê movimento. Alguma coisa move o ar e se dirige para você.[4]

Enquanto aguardamos a Palavra que Deus dará, precisamos estar tranquilos, abertos ao que não pode ser previsto, mas há também trabalho duro persistente. Thoreau disse a respeito da escrita: "Conhece teu osso; roe-o, enterra-o, desenterra-o e roe-o de novo". Isso também faz parte da espera.

Um de meus irmãos, um robusto escocês chamado Anthony Ross, era pregador famoso até sofrer um derrame que o deixou sem fala. O especialista que veio vê-lo disse-lhe que ele nunca mais conseguiria pronunciar uma palavra, ao que ele respondeu: "Obrigado, doutor". Isso deixou o médico sem fala! Anthony nunca mais conseguiu falar muito, mas toda palavra que ele se esforçava para pronunciar era fruto daquela terrível dor e vitória. As pessoas vinham de lugares distantes confessar-se com ele, esperando as poucas palavras que ele lhes transmitia. Era preciso esperar. Antes que eu partisse para Roma, ele me disse uma única palavra: "Coragem".

---

[4] *The Writing Life*. New York, 1989. p. 75.

E essa palavra foi meu alimento espiritual durante longo tempo. Do mesmo modo, a Palavra de Deus demora para se formar dentro de nós.

Também para nós é quase sempre Sábado Santo. Ao enfrentarmos a guerra no Iraque, o terrorismo, a fome em muitos países, a explosão da Aids e todos os nossos sofrimentos pessoais, então, como os discípulos, aprendemos a ter paciência enquanto aguardamos uma nova Palavra que possa estar nascendo. George Steiner assim conclui *Real Presences* [Presenças reais]:

> Mas a nossa é a longa jornada diária do sábado. Entre sofrimento, solidão, perda indizível por um lado e, por outro, o sonho de libertação, de renascimento. Em face da tortura de uma criança, a morte do amor que é sexta-feira, até a maior arte e a maior poesia são quase impotentes. Na utopia do domingo, presumivelmente a estética já não terá lógica nem necessidade. As apreensões e configurações no jogo da imaginação metafísica, no poema e na música, que falam de dor e de esperança, da carne que dizem ter gosto de cinzas e do espírito que dizem ter o sabor do fogo, são sempre sabadeadoras. Surgiram de uma imensidão de esperas que é a do homem. Sem elas, como poderíamos ser pacientes?[5]

---

[5] *Real Presences*; is there Anything in What we Say? London, 1989. p. 232.

Enquanto esperamos, olhamos para a face morta de Cristo. Embora tenhamos meditado nas sete últimas palavras do Cristo ainda vivo, nenhuma de nossas cruzes mostrou-o vivo. Ele está morto, como na cruz de Michael Finn, ou ausente, como nas cruzes da fraternidade da prisão de Norfolk, do Haiti, de El Salvador ou do rosário argentino. É só na pietà da Aids que Jesus está vivo e olha para nós, e ali ele não está na cruz. Demorou quatro séculos para Cristo ser representado na cruz, o que pode ser visto nas portas de Santa Sabina, onde morei em Roma, e outros quinhentos anos para que se ousasse representá-lo morto.

O que significa olhar para a face morta de Cristo enquanto esperamos a Páscoa? E por que, depois da Páscoa, ainda temos imagens dele morto? James Alison ressalta que a ressurreição não é apenas outra etapa da vida de Jesus e que ele deixou a morte para trás. Ele é agora o crucificado e o ressuscitado. "A ressurreição de Jesus foi a devolução de toda a vida e morte que terminara na Sexta-Feira Santa – a humanidade toda de Jesus inclui sua morte humana".[6] No terceiro prefácio da Páscoa, Jesus é *agnus qui vivit semper occisus*, "que vive morto para sempre".

---

[6] *Knowing Jesus*. London, 1993. p. 20.

Isso significa que ele ainda está entre nós expulso e crucificado. No caminho de Damasco, ele disse a Paulo: "Por que me persegues?" O corpo de Cristo ainda está banido entre os pobres e todos os que vivem na desolação. Ele está entre nós impotente e também triunfante. Assim, as sete últimas palavras não fazem parte apenas do passado de Jesus, de um momento anterior de sua vida que acabou. Não somos só nós que às vezes clamamos: "Meu Deus, meu Deus, por que me abandonaste?". Cristo ainda solta esse grito em nós. Esta face morta desafia todos aqueles cujas imagens falam de poder e dominação, a começar de César que tinha o rosto reproduzido nas moedas que Cristo examinou, até Saddam Hussein, cujas imagens costumavam ser vistas por toda parte no Iraque. David Ford escreveu: "Está claro que a face desta vítima dos poderes políticos e religiosos, que lembramos como crucificado, estava destinada a ser desafio contínuo a todos os outros ícones de poder e autoridade".[7]

No Antigo Testamento, a bênção suprema é a face de Deus sorrir para nós: "Mostra a teu servo a tua face, salva-me na tua bondade" (Sl 31[30],17). No Museu de Israel, em Jerusalém, há um pedacinho de couro que tem

---

[7] FORD, David F. *Self and Salvation*; Being Transformed. Cambridge, 1999. p. 208.

2.500 anos.[8] Contém o texto bíblico mais antigo que existe, em um tipo de escrita que já era obsoleto no tempo de Jesus. Ali estão as palavras com que Aarão costumava abençoar o povo de Israel: "O Senhor te abençoe e te guarde. O Senhor faça brilhar sobre ti a sua face e se compadeça de ti. O Senhor volte para ti o seu rosto e te dê a paz" (Nm 6,24-26). As palavras nesse pedacinho de couro ressequido levaram quinhentos anos para se tornar carne e sangue na face de Jesus. Antes de Cristo, não podíamos ver Deus e viver. Suplicávamos que Deus sorrisse para nós, mas não podíamos olhar para trás. Agora, no fim de sua vida, olhamos atentamente para sua face morta. Agora é Deus que não pode retribuir o olhar. É a suprema vulnerabilidade de Deus em Cristo. Toda amizade é entre iguais. Nossa amizade com Deus significa que a desigualdade anterior de olhares precisa ser destruída. Não somos apenas vistos; também vemos.

David Ford também vê na face morta um chamado à responsabilidade, dirigido a nós:

> Ela representa a pessoa plena de Jesus Cristo, mas em uma ausência que exige responsabilidade comparável. Exprime simultaneamente a suprema realização de uma responsabilidade e sua completa entrega. Diante

---

[8] SACKS, Jonathan. *Celebrating Life*; Finding Happiness in Unexpected Places. London, 2000. p. 148.

> desta face morta reconhecemos alguém que se entregou completamente por Deus e por nós: está morto por nós, está ausente por nós, é alguém que, com sua morte, cria uma esfera ilimitada de responsabilidade por nós. Como nas parábolas de Jesus, do homem que viaja e deixa os bens aos cuidados de seus servos, a face morta é a personificação de um chamado à responsabilidade na ausência.[9]

Ele compara isso à imagem de Jesus que Santa Teresa de Lisieux faz de Jesus adormecido no barco; os discípulos têm de assumir a responsabilidade e não acordá-lo.

Não tenho certeza de que eu falaria tanto da ausência de Jesus quanto de sua presença através de nós. A face morta nos chama à responsabilidade porque, como disse Santa Teresa de Ávila, ele agora não tem outros pés além dos nossos. No domingo de Páscoa, a Palavra ressuscitou dos mortos. Depois da ascensão, quando Jesus já não está no meio de nós como um ser humano no meio de outros, somos nós que continuamos a romper o silêncio dos túmulos da humanidade.

Audre Lorde, escritora negra americana, foi diagnosticada com câncer de mama e encarar a morte a fez confrontar-se com todas as vezes que ficara calada:

---

[9] FORD, *Self and Salvation*, p. 206.

Ao tomar consciência forçosa e essencialmente de minha mortalidade e do que eu desejava e queria para minha vida, por mais breve que ela fosse, prioridades e omissões tornaram-se fortemente delineadas em uma luz impiedosa, e o que mais lamentei foram meus silêncios. Do que eu já tivera medo? Questionar ou falar o que acreditava poderia ter significado dor ou morte. Mas todos nós nos magoamos de tantas maneiras diferentes, o tempo todo, e a dor muda ou acaba. A morte, por outro lado, é o silêncio final. E ela talvez viesse depressa, agora, sem considerar se eu já falara o que precisava ser dito ou só traíra a mim mesma em pequenos silêncios, enquanto planejava falar algum dia, ou aguardava as palavras de outra pessoa.[10]

Yves Congar, op, disse, em uma frase maravilhosa: *La Bible est virilisante*, "A Bíblia é virilizante". Em face da morte, ela oferece uma palavra forte e corajosa. A Bíblia está cheia de homens e mulheres excêntricos, vigorosos, ardentes, que dizem palavras fortes, de Abraão a São Paulo. Será que os deixaríamos entrar em nossos seminários e noviciados? Não os consideraríamos um tanto perigosos? Será que eles passariam em nossos testes psicológicos? Nunca se sabe sobre o que expressariam.

---

[10] *Sister Outsider*. California, 1984. p. 41. Citado por HILKERT, C. *Speaking with Authority*. New York, 2001. p. 135.

Toda vez que nos abstemos de expressar uma palavra forte, corajosa, conspiramos com o silêncio do túmulo, as forças da morte. Certas falas exigem heroísmo, pois podem levar diretamente a nossa morte. Quando Pierre Claverie, bispo dominicano de Orão, percebeu que provavelmente seria assassinado por terroristas islâmicos, seus padres e amigos procuraram persuadi-lo a manter-se calado. Pouco antes de sua morte, um deles lhe disse: "Acho que o senhor fala demais. Precisamos do senhor". Pierre respondeu: "Não posso me calar. Sou testemunha da verdade".[11]

Ele sabia que falar significava a morte. Não é nosso caso na Grã-Bretanha. Há outras pressões que requerem quase tanta coragem para enfrentá-las, até mesmo dentro da Igreja.

Muitas vezes somos silenciados pelo medo de não sermos entendidos. Se ousarmos "mexer em vespeiro", daremos uma falsa impressão. A imprensa nos entenderá mal e nossa caixa do correio se encherá de cartas furiosas. Talvez sintamos que ainda não encontramos as palavras certas. É mais seguro não dizer nada no momento, ou ter esperança que outra pessoa fale. Temos de ousar tentar encontrar uma palavra, mesmo que não seja bem a palavra certa. Precisamos não ter medo de

---

[11] PÉRENNÈS, Jean-Jacques. *Pierre Claverie*; un Algérien par alliance. Paris, 2000. p. 358.

entender mal a primeira vez, porque, se o Espírito Santo for derramado sobre a Igreja, então a Igreja não será facilmente induzida a erro. Precisamos ousar ter a humildade de dizer uma palavra parcial, hesitante, que possa ajudar o povo de Deus a chegar à verdade. Precisamos de coragem para falar e de humildade para saber que talvez estejamos errados.

Talvez nos sintamos inibidos por respeito à autoridade dentro da Igreja, ou sintamos que os outros devem estar inibidos por respeito à nossa autoridade. Então precisamos nos lembrar de Santa Catarina de Sena, que ousava dizer a verdade até para papas. Ela ousou dizer aos papas o que Deus queria que eles fizessem. Escreveu ao Papa Urbano VI: "Queridíssimo *babbo*, perdoa-me minha presunção ao dizer o que eu disse – o que sou forçada pela bondosa primeira Verdade a dizer. Esta é sua vontade, pai; é o que ele te pede!".[12] E quando outro papa demonstrou descontentamento com essa liberdade, ela lhe escreveu que ela e suas seguidoras falariam a verdade "onde Deus quiser, até a Sua Santidade".[13] Não é a cômoda presunção dos que adoram o confronto e gostam de ser repreendidos pelo Vaticano. São palavras

---

[12] Letter to Gregory XI (T255). 18-22 June 1376. Trad. para o inglês de Suzanne Noffke. v. II, *The Letters of St Catherine of Siena*. Tempe, 2001; citado por HILKERT, *Speaking with Authority*, p. 56.

[13] Ibidem. T305, p. 72.

de alguém que respeitava profundamente a autoridade e que detestava ser arrastada a conflitos. Hoje, na Igreja, há silêncio demais. No discurso de aceitação do prêmio Nobel de Literatura de 1980, Czeslaw Milosz disse: "Em uma sala onde as pessoas unanimemente mantêm uma conspiração do silêncio, uma palavra de verdade soa como um tiro de pistola".

A coragem de falar fundamenta-se, em última análise, na coragem de escutar. Ousamos escutar os jovens com suas dúvidas e perguntas? Ousamos escutar quem tem opiniões teológicas diferentes das nossas? Ousamos escutar os que se sentem aborrecidos com a Igreja? Escutamos os que levam uma vida que parece colocá-los à margem, por serem divorciados e casados de novo, por serem gays ou viverem com parceiros? Não teremos a coragem de fazê-lo, a menos que tenhamos escutado em silêncio a voz mais perturbadora de todas, a de nosso Deus. Se ficarmos em silêncio diante de Deus e ouvirmos sua Palavra que ressuscitou dos mortos, nenhum silêncio nos aprisionará em túmulo algum.

Nossa palavra

Além da violência[1]

Na cruz olhamos para Cristo que foi crucificado e ressuscitou. A face morta de Cristo chama-nos à responsabilidade. Somos nós que precisamos falar e romper o silêncio. Podemos ter confiança, porque ele ressuscitou, porque ele estará conosco até o fim dos tempos. Na última ceia, Jesus não apenas nos deu seu corpo. Também nos entregou a narração da história de sua vida, morte e ressurreição. Os Evangelhos, inclusive as sete últimas palavras, são a aceitação pela comunidade primitiva dessa responsabilidade. Como devemos exercê-la hoje?

Sugeri que as sete últimas palavras de Jesus não nos oferecem simplesmente uma interpretação minuciosa do sentido da vida humana. O que está em questão é se a existência humana tem algum sentido por excelência. Essas últimas palavras de Jesus justificam nossa fé no valor das palavras, todas as tentativas de entender quem somos e onde vamos. "Tudo foi feito por meio

---

[1] Grande parte desta seção foi tirada de meu artigo "Ide, pois, fazer discípulos entre todas as nações". Proclamação do Reino ou imperialismo religioso. *New Blackfriars*, July/Aug. 2003. pp. 323-334.

dela, e sem ela nada foi feito de tudo o que existe. Nela estava *a* vida, e a vida era a luz dos homens" (Jo 1,3s). E assim, todos os que se esforçam para entender o sentido de nossa vida e que tratam com carinho as palavras e seu sentido, podem ser nossos amigos e aliados. Discordaremos deles algumas vezes, mas, com a graça de Deus, de maneiras que vão nos ajudar a entender mais profundamente a Palavra de Deus. No entanto, muitas vezes contamos a história da paixão, morte e ressurreição de Cristo de modos que infligiram violência a pessoas de outras crenças, em especial aos judeus.

Desde o Iluminismo e até recentemente, parecia que a religião estava perdendo influência e desaparecendo de seu lugar central na sociedade. Parecia que a secularização fazia com que as diferenças de crença fossem relativamente sem importância, traços de superstição mais primitiva prestes a serem destruídos pela modernidade. O 11 de setembro confrontou-nos violentamente com a volta da religião ao centro da cena. Quase em toda parte onde há violência vemos o desacordo das religiões. Podemos, nós, cristãos, encontrar meios de narrar a história de Cristo na cruz que tragam paz e diminuam a violência? Podemos relatar estas sete últimas palavras de uma forma que restaure nossas relações com o judaísmo e o islamismo?

Todas as crenças abraâmicas são marcadas pela violência. Como menciona o rabino chefe Jonathan Sacks: "O primeiro ato registrado de culto religioso leva diretamente ao primeiro assassinato",[2] o de Abel por Caim. O êxodo de Israel deixa os primogênitos do Egito mortos em suas camas e seus guerreiros afogados na praia. O clímax da história cristã acontece em uma brutal execução. Nossas crenças não podem ser sanitizadas. Nunca poderemos contar a história de Jesus morrendo na cama como um idoso contente. Mas como nós, cristãos, podemos falar de sua paixão e morte de uma forma que não cometa violência contra os outros? O paradoxo é que o judaísmo aprofundou sua fé enfrentando a aparente impotência do Deus que os tirou do Egito com braço forte. Para o cristianismo tem sido o contrário. Temos tido de lutar com a maneira como os seguidores do Cristo impotente descarregaram essa violência em outras pessoas. Para o judaísmo, a questão tem sido como narrar sua história à luz da violência que os judeus sofreram; para nós tem sido como narrar a nossa à luz da violência que infligimos. É por isso que o Holocausto é uma crise para nossas duas crenças.

Desejo examinar breve e superficialmente três momentos violentos: a conquista das Américas, o

---

[2] *The Dignity of Difference*; How to Avoid the Clash of Civilizations. London & New York, 2002. p. 46.

Holocausto e o 11 de setembro. Perguntarei como cada momento provoca um novo relato da morte e ressurreição de Cristo. Todos esses traumas nos convidam a purificar nossa história de seu potencial para a violência. Todos nos convidam a mudar nosso entendimento dos atores do drama. Talvez tenhamos descoberto que desempenhávamos papéis diferentes do que pensávamos. É como se, ao ler *Rei Lear* pensássemos que éramos Cordélia e descobríssemos que éramos Goneril e Regan. Esses acontecimentos mudam a maneira de entendermos a relação de nosso tempo com o tempo daquela narrativa, como vivemos dentro de sua estrutura temporal. Eu também gostaria de aludir à maneira como o judaísmo e também o islamismo podem nos ajudar a tornar a contar a história de maneira mais bela e mais verdadeira. O judaísmo tem sido, por assim dizer, o "outro" dentro da civilização cristã ocidental. Por muito tempo e até recentemente, o islamismo tem sido o "outro" externo. Talvez ambos nos ajudem a contar nossa história cristã corretamente.

A conquista das Américas

A conquista das Américas questionou a forma de narrar a história da morte e ressurreição de Cristo, que se resume na frase: *Extra Ecclesiam nulla salus*, "Fora da Igreja não há salvação". A Igreja medieval acreditava que a ressurreição de Cristo marcou um novo tempo para toda a humanidade. Depois desse tempo ninguém tinha desculpa para não crer em Cristo. O mundo todo encontrara o Evangelho. Se rejeitavam Cristo, então judeus e muçulmanos pecavam. Quando líamos as narrativas da paixão, líamos a história de nossos contemporâneos. Os vizinhos judeus eram o povo que rejeitara Cristo e pedira seu sangue. A narrativa evangélica falava de "nós" e "eles" e traçava linhas claras entre os de dentro e os de fora. Na rua, víamos os que ficaram ao pé da cruz e escarneceram Nosso Senhor.

A conquista das Américas começou a sacudir a Igreja para fora dessa história. Havia o choque novo do encontro com milhões de pessoas que nunca tinham ouvido falar de Cristo e não faziam parte dessa história. Como poderiam ter rejeitado Cristo? Era o choque da realidade. Albert Pigge, teólogo flamengo que tinha dois anos de idade quando Colombo chegou às Américas, escreveu:

> Se o senhor diz que agora o Evangelho de Cristo foi suficientemente proclamado no mundo todo, por isso a ignorância já não é desculpa para ninguém – a própria realidade o desmente, porque agora inúmeras nações são descobertas todos os dias entre as quais, ou entre os ancestrais delas, não se encontra nenhum sinal de que o Evangelho foi pregado alguma vez, de

modo que, todas essas pessoas, até o nosso tempo, simplesmente jamais ouviram falar dele.[3]

Acima de tudo foram os dominicanos da Universidade de Salamanca na Espanha que contestaram a narração antiga e certamente isso aconteceu por estarem em estreito contato com os irmãos em Hispaniola, que agora forma a República Dominicana e o Haiti. Os irmãos partilharam com eles a violência do conflito com o povo indígena. O choque de realidade não era apenas a existência dessas pessoas, mas a violência que sofreram nas mãos dos espanhóis. É possível sentir a raiva nas palavras do famoso sermão de Antônio de Montesinos, op, no primeiro domingo do Advento de 1511, quando ele confrontou os espanhóis por causa da maneira como tratavam os índios: "Não são eles seres humanos? Não têm almas racionais? Com que direito fazeis guerra contra eles? Não sois obrigados a amá-los como a vós mesmos?". Quando os colonialistas reclamaram ao prior de S. Domingo, Pedro de Córdoba, ele respondeu que, quando Antonio pregava, a comunidade toda pregava. E Bartolomeu de Las Casas manteve viva a chama da indignação por meio de relatos inflamados da crueldade

---

[3] SULLIVAN, Francis A., sj. *Salvation Outside the Church?* Tracing the History of the Catholic Response. New York, 1992. p. 80.

espanhola. Os espanhóis cristãos eram idólatras que cultuavam o ouro e os índios eram Cristo crucificado.

Como essa experiência de brutal violência mudou a maneira de narrar a história cristã? Em Salamanca, Francisco de Vitoria questionou se basta apenas anunciar o Evangelho para as pessoas serem culpáveis de rejeitá-lo. Como poderiam ser acusadas de rejeitar Cristo, quando veem a crueldade dos cristãos? Ele escreveu:

> Para mim não está suficientemente claro que a fé cristã foi apresentada diante do povo indígena e a eles anunciada de modo a serem compelidos a crer nela ou cometer pecado recente [...]. Ouço falar de muitos escândalos e crimes cruéis e atos de impiedade, por isso não parece que a religião cristã lhes foi pregada com suficiente retidão e piedade para que sejam obrigados a aceitá-la.[4]

Pigge aplicou esse mesmo princípio aos muçulmanos. Se o Evangelho nunca lhes foi pregado de maneira convincente, como podem ser acusados de rejeitá-lo? Em nossa narrativa da morte e ressurreição de Cristo, essas pessoas, os muçulmanos e os índios, já não são tratadas apenas como atores com papéis de figurantes. São entendidas como indivíduos, centros de consciência

---

[4] Ibidem, p. 72.

autônoma, olhando para nós, nos escutando e fazendo seus próprios julgamentos. Além disso, não estão necessariamente desempenhando os papéis que lhes havíamos designado. Com efeito, eles são Cristo crucificado e são os cristãos que os pregam na cruz.

Uma segunda evolução aconteceu no relacionamento entre a narrativa e o tempo. Santo Tomás de Aquino aceitara que os gentios que viveram antes da vinda de Cristo fossem salvos por uma fé implícita em Cristo, mas depois de Cristo era necessário uma fé explícita. A narrativa medieval tinha uma estrutura cronológica única, o tempo em nossa história cristã em que Cristo ressuscitou. Domingo Soto, outro dominicano salamanquense, afirmou que os índios americanos viviam no tempo deles e para eles o momento de decisão não era a data em que Cristo ressuscitou dos mortos, mas o momento em que o encontraram. Antes disso, podiam ser salvos pela fé implícita. O que importa é o tempo de sua narrativa e não o de uma única cronologia universal. Mais uma vez, o indivíduo é o centro de sua narrativa, não apenas um ator em um único conto universal.

Pode parecer que essas são duas pequenas e sutis diferenças teológicas, uma ligeira abertura das portas do paraíso para os que não são cristãos. Mas também é possível interpretá-las como afrouxamento da forte influência da Igreja em sua narrativa fundamental. A história da morte e ressurreição de Cristo torna-se menos uma propriedade absoluta da Igreja e mais uma história que apresentamos aos que vivem do seu jeito e de maneiras que talvez não antevejamos. A percepção da violência deste momento produziu uma ligeira abertura de nossa história universal à diferença, ao respeito pelo estranho.

O Holocausto

A indizível violência do Holocausto abalou nossa confiança na possibilidade de narrar qualquer história de fé. Como os judeus poderiam narrar a história do Deus que faz maravilhas, quando ele nada fez nesse momento? Como os cristãos poderiam contar a história de nosso impotente Salvador na cruz, quando alguns de seus seguidores tinham cumplicidade nessa violência? Que história essas duas crenças poderiam contar? Ao refletir a respeito de Auschwitz, E. L. Doctorow escreveu: "Presumir abranger Deus nesta nossa história inconsciente, possuí-Lo, circunscrevê-Lo, o autor de tudo, tudo que concebemos e tudo que não concebemos [...] em *nossa* história *d'Ele*? Dela? De quem? Do que, em nome de nossa fé – do que em nome de Deus – pensamos que estamos falando?".[5]

---

[5] De Heist, citado por Robert W. Bullock. After Auschwitz; Jews, Judaism and Christian Worship. In: RITTNER, Carol; ROTH, John

O rabino Irving Greenberg disse: "Não deve ser feita nenhuma declaração, teológica ou outra, que não seja digna de crédito na presença de crianças queimadas".[6] O que qualquer um de nós pode dizer na presença de bebês queimados? Mais uma vez vemos uma crise que ameaça nossa confiança em todas as palavras.

Quando ouvimos as recitações das narrativas da paixão durante a Semana Santa, há frases que ficaram impossíveis de suportar, em especial nos Evangelhos de Mateus e João. Como podemos repetir estas palavras: "O povo todo respondeu: 'Que o sangue dele recaia sobre nós e sobre nossos filhos'" (Mt 27,25)? Quando ouvimos essas passagens somos tentados a simplesmente rejeitá-las como deturpações de um cristianismo inicialmente puro e autêntico: a história original foi deturpada por preconceito e ódio não cristão mais tardios. Essa pesquisa por trás dos textos em busca de alguma história mais primitiva que seja inocente e pura é tão fútil e infrutífera como a tentativa de basear a fé no Jesus histórico. Sempre se acaba com o que se quer encontrar. Ao contrário, precisamos aceitar que é precisamente

---

K. (org.). *"Good News" after Auschwitz*; Christian Faith within a Post-Holocaust World. Macon, 2001. p. 69.

[6] Cloud of Smoke, Pillar of Fire; Judaism, Christianity, and Modernity after the Holocaust. In: FLEISCHNER, Eva (org.). *Auschwitz*; Beginning of a New Era? New York, 1977. p. 23.

o horror do Holocausto que pode nos ajudar, experimental e humildemente, a entender melhor a história de Cristo agora. Ao falar da busca individual de identidade, Rowan Williams escreveu que "a personalidade não é uma substância que se traz à luz retirando camadas até chegar à essência, mas sim uma integridade que se luta para fazer surgir".[7] Da mesma forma, a história que dá à Igreja seu senso de identidade não é alcançada retirando-se as camadas até chegar à essência original. Depois do Holocausto envolvemos esforço para trazê-lo à Palavra novamente.

Os judeus já não podem ser visto apenas como atores em nossa história, desempenhando os papéis que nossa história lhes atribui. Mistificamos os judeus e lhes demos papéis de figurantes em uma história que eles não reconhecem como sua. Como disse um estudioso, usamos os judeus para pensar com eles.[8] Essa violência narrativa foi cúmplice da monstruosa violência do Holocausto. Mas nossos irmãos e irmãs mais velhos judeus têm sua própria história para contar, de eleição e sobrevivência, como testemunhas da fidelidade divina. A violência que infligimos mostra que não contamos bem

---

[7] On Christian Theology. Oxford, 2000. p. 240.
[8] Citado por Rowan Williams. *Writing in the Dust*; Reflections on 11th September and its Aftermath. London, 2002. p. 65. Ele não menciona quem é esse estudioso.

nossa história do homem que deu a outra face. O que aconteceu no Holocausto revelou o potencial para violência no modo como entendemos o que aconteceu com ele.

Isso significa que mesmo hoje os judeus são parte intrínseca de nossa identidade. Não podemos dizer que estamos separados do reconhecimento de quem eles são. Quando João Paulo II dirigiu-se à comunidade judaica na sinagoga de Roma em 1986, ele disse: "A religião judaica não é 'extrínseca' a nós, mas, de certa forma, é 'intrínseca' a nossa religião".[9] Assim, faz parte do relato apropriado de nossa história cristã dizer que ela não é a única história a ser contada. Isso foi explicitamente reconhecido pela Pontifícia Comissão Bíblica em 2002:

> Os cristãos podem e devem admitir que a interpretação judaica da Bíblia é possível e em continuidade com as Escrituras Sagradas Judaicas do período do Segundo Templo, interpretação análoga à interpretação cristã que se desenvolveu de forma paralela. As duas interpretações estão em estreita ligação com a visão de suas respectivas crenças, das quais as interpretações são o resultado e a expressão. Consequentemente, as duas são irredutíveis.[10]

---

[9] Citado em *The Jewish People and their Sacred Scriptures in the Christian Bible*. Pontifical Biblical Commission. Rome, 2002. p. 196.
[10] Ibidem, p. 51.

Isso representa uma mudança vasta como o mar em nosso entendimento de nossa história universal. De maneira paradoxal, essa história só pode ser ouvida se der um lugar para a história particular deles. Precisamos ouvir a boa-nova do judaísmo, para que nosso Evangelho também seja boa-nova. Nosso DNA é um hélix duplo, de judaísmo e cristianismo.[11]

Finalmente, reconhecemos que a história de Cristo é judaica. Os judeus não têm só o papel de acusadores. Ocupam todos os papéis. São os discípulos e são Jesus, e também a multidão e os sumos sacerdotes. As acusações, as palavras que temermos ouvir, eram palavras de um debate dentro do judaísmo. A violência dessas palavras é a de uma altercação familiar, como as palavras violentas dos profetas contra Israel. Na medida em que atribuímos qualquer papel especial aos judeus, então, depois do Holocausto, ele deve, acima de tudo, ser o da vítima, o crucificado. Eles não são "os matadores de Deus", mas o escolhido de Deus, o desterrado.

---

[11] Devo esta imagem a comentários da dra. Janet Martin Soskice.

11 de setembro de 2001

Hoje também vivemos à sombra de um momento violento mais recente, 11 de setembro de 2001. Jonathan Sacks descreveu-o como o momento "em que duas culturas universalistas, o capitalismo global e uma forma extremista de islamismo, cada uma profundamente ameaçadora para a outra, encontraram-se e entraram em conflito".[12] A violência daquele dia terrível confrontou-nos com a violência oculta de nosso sistema econômico que, como está estruturado atualmente, com certeza traz riqueza para milhões, mas também produz pobreza e uma sempre crescente desigualdade. Dois terços dos habitantes de nossa aldeia global vivem em cortiços, com menos que o subsídio dado a cada vaca na União Europeia.

Em 11 de setembro essa violência foi sentida por nós. Como escreveu Rowan Williams:

> Toda transação nas economias desenvolvidas do Ocidente pode ser interpretada como ato de agressão contra os perdedores econômicos no jogo mundial. Por mais que protestemos ser isso uma caricatura, é assim que ela é sentida. E temos de começar a entender como essa percepção faz parte do preço que pagamos pelos benefícios da globalização.[13]

---

[12] *The Dignity of Difference*, p. 20.
[13] *Writing in the Dust,* p. 58 (n. 17).

Essa violência é fruto do capitalismo global moderno. Não faria sentido ser contra o mercado como tal, mas sua operação atual está ligada aos interesses das nações poderosas. E, historicamente, seu desenvolvimento teve ligações profundas com certa forma de universalismo cristão. Tudo pode ser nitidamente simbolizado pela abertura do canal de Suez. A empresa fundada em 1858 para construí-lo foi chamada *La Compagnie Universelle*. O núncio papal fez um discurso entusiástico no qual parece que ele compara a abertura do canal com a criação do mundo, enquanto o Espírito de Deus paira sobre as águas. Toda a humanidade está sendo reunida em unidade: *O Occident! O Orient! Rapprochez, regardez, reconnaissez, saluez, étreignez-vous!* É desnecessário dizer que tudo isso aconteceu sob a orientação do Deus cristão: "A cruz está erguida respeitada por todos na face do crescente".[14] Aqui a cruz representa uma universalidade que está profundamente ligada ao imperialismo do Ocidente cristão.

Assim, a violência do 11 de setembro deve nos fazer parar e nos perguntar se não devemos ir adiante para repensar a maneira de contar a história da morte e ressurreição de Cristo. Em abril passado, visitei a mesquita de Al Hazar com o prior de nossa comunidade no Cairo.

---

[14] SAID, Edward. *Orientalism*; Western Conceptions of the Orient. London, 1995. p. 91.

Depois das orações, sentamos e conversamos com três jovens que estudavam na universidade. Um deles, Amir, continuou em contato comigo, em especial durante a guerra do Iraque. Era bonito ver esse devoto jovem muçulmano compartilhar seu anseio pela paz. Senti-me acolhido no coração e na vida desse estranho.

Quando li Louis Massignon, talvez o maior especialista ocidental em islamismo no século passado, entendi um pouco da qualidade especial desse relacionamento. Ele explica como a hospitalidade islâmica levou-o de volta a sua fé cristã. A acolhida que recebeu nessa mesma universidade e na Mesopotâmia o fez propenso a acolher o estranho divino em sua vida. Por meio de seus estudos sobre o islamismo, ele desenvolveu uma teoria de "hospitalidade sagrada" na qual a pessoa até se oferece para partilhar os sofrimentos do estranho. Charles de Foucauld falou exatamente da mesma experiência de hospitalidade. Pierre Claverie falou de ser um hóspede na casa do islamismo, o que levou os muçulmanos a lhe oferecerem um muro protetor de segurança quando sua vida foi ameaçada por extremistas. Esse profundo senso de hospitalidade para o estranho está em violento contraste com nosso mundo do mercado global. O mercado global não oferece nenhuma hospitalidade. É implacável. E, pelo mundo todo, muçulmanos de culturas tradicionais sentem-se violentados pela cultura desumana do mercado. Mercados sim; o mundo árabe foi formado pelo comércio. Mas o mundo como um grande mercado, não.

Quais são as raízes dessa acolhida islâmica ao estranho, tão diferente da imagem costumeira de intolerância? David Burrell de Notre Dame disse em uma palestra em Cambridge em 2002 que "só a presença de um estranho já evoca uma resposta acolhedora deles". Por quê?

> Pode ter algo a ver com o chamado do Alcorão, a maneira como ele exige uma resposta do ouvinte. E como a resposta tem lugar em um ambiente comum, estamos ligados como os que respondem à Palavra criadora de Deus e, assim, começam ativamente a participar daquilo que é gerado na sinergia entre chamado e resposta.[15]

Embora não compartilhemos a mesma fé e, na verdade, os muçulmanos considerem nossa revelação suplantada pela de Maomé, mesmo assim somos respeitados por alguns muçulmanos como ouvintes da mesma categoria. Talvez o profundo senso islâmico da transcendência de Deus torne relativa qualquer identidade religiosa exclusiva.

---

[15] Sou grato a David Burrell por me enviar um exemplar dessa palestra.

Um artigo fascinante do dr. Tim Winter da Universidade de Cambridge baseia essa abertura à ausência no islamismo de uma aliança com determinada comunidade de pessoas, um povo escolhido. Ele alude a uma passagem do Alcorão (7,172) que "fala de uma aliança primordial entre Deus e todas as almas humanas, selada antes da criação do mundo. Na reflexão muçulmana, o islamismo não é um pacto com determinado setor da humanidade, mas sim a restauração escatológica desse compromisso primordial, do qual um dos 'sinais' é a peregrinação à Casa que é 'para toda a humanidade' (2,125)".[16] Assim, nesse sentido, o islamismo talvez não seja exclusivo. Seu universalismo não é a reivindicação universal de um povo em particular. Esses não são muçulmanos anônimos, simples seres humanos chamados a reconhecer a unicidade e justiça de Deus conforme foi revelada por Maomé. Deus enviou profetas a todas as nações para tornar conhecida sua vontade. Alguns muçulmanos acreditam que no último julgamento, Moisés suplicará pelos judeus, Jesus pelos cristãos e Maomé por todos. O islamismo suplanta o judaísmo e o cristianismo não por personificar um novo povo de Deus, mas por proclamar ser a revelação incorrupta da verdade da vontade de Deus para todos os seres humanos.

---

[16] The Last Trump Card. In: *Studies in Interreligious Dialogue*. 9/1999/2, pp. 133-155.

O Ocidente cristão tem, quase desde o princípio, sido aquele "outro" em contraste com o qual o islamismo tem definido a si mesmo. Portanto, não nos surpreende ter sido uma forma extremista de islamismo que fez um violento protesto contra o sistema econômico centralizado no Ocidente. Seria total loucura sonhar que o islamismo pode nos ajudar a entender todos aqueles outros que sofrem privações e miséria em nossas mãos? O islamismo poderia até nos ajudar a contar nossa história de uma forma que respeite o estranho como ouvinte da Palavra da mesma categoria que nós. Poderia nos ensinar hospitalidade para com os estranhos de nossa aldeia global. Poderia levar-nos a ser mais humildes quando falamos de nós mesmos como "o povo de Deus". Poderia desfazer nosso controle presumível da história de Cristo. Precisamos compartilhá-la como Cristo compartilhou a si mesmo. Para fazer discípulos de todas as nações, precisamos ser nós mesmos, discípulos, alunos.

Sendo cristão, baseio minha fé na morte e ressurreição de Cristo como o momento definitivo no relacionamento de Deus com a humanidade. Vimos que o Holocausto transformou nosso entendimento daquele acontecimento. Descobrimos que o DNA, nossa narrativa fundamental, é uma hélice dupla que nos liga do lado de dentro com o judaísmo. A crise do 11 de setembro pode nos levar mais adiante. O islamismo tem um relacionamento diferente conosco. Não estou sugerindo uma hélice tripla! Contudo, o islamismo pode nos ensinar a contar melhor nossa história.

Pense na cruz com a qual nos persignamos. Acima, mencionei que a primeira representação conhecida da cruz está nas portas de Santa Sabina, onde morei em Roma durante nove anos. Ela data de 432. É coincidência que só ousamos representar esse símbolo de crueldade imperial quando o Império Romano acabara de se tornar cristão? Esta cruz ficou sendo o símbolo da agressão dos cruzados. Vivemos uma lenta educação no sentido da cruz e daquele que "humilhou-se, fazendo-se obediente até a morte – e morte de cruz!" (Fl 2,8). Em Hispaniola, Las Casas viu o povo indígena crucificado por espanhóis. No Holocausto vimos nossos irmãos e irmãs judeus crucificados nessa mesma cruz. Talvez agora, depois do 11 de setembro, fiquemos mais conscientes de como estamos no centro de um sistema econômico que crucifica grande parte da humanidade, e o islamismo pode nos ajudar a aprender a contar melhor nossa história como uma que alcança todos os seres humanos, nossos contemporâneos.

Depois do 11 de setembro, Rowan Williams escreveu:

> Podemos pensar em nosso símbolo focal, a cruz de Jesus, e tentar libertá-la de seu frequente destino como a

bandeira de nossa retidão ferida? Se Jesus é realmente o que Deus nos comunica, a linguagem de Deus para nós, sua cruz é sempre nossa e não nossa; não um sinal ampliado de nosso sofrimento, mas a marca da obra de Deus na mais profunda vulnerabilidade e por meio dela; não a realização triunfante de um mártir, mas alguma coisa que ali está para todos os seres humanos sofredores, porque não pertence a nenhuma causa humana.[17]

Escutamos juntos as sete últimas palavras de Cristo na cruz. Elas nos prometem perdão pela violência que cometemos, o Paraíso quando tudo parece perdido, a comunhão quando ela foi rompida. Elas nos abraçam em nossa mais profunda desolação, mostram-nos nosso Deus implorando-nos uma dádiva; convidam-nos a sermos receptivos à perfeição do amor e nos prometem o descanso eterno. Talvez o 11 de setembro nos convide a ouvir essas palavras com os ouvidos de todos os que excluímos e subjugamos, quer compartilhem nossa fé, quer tenham outra ou não tenham nenhuma. Com efeito, Cristo na cruz não é alguém que reconhecemos como nosso, mas toda a humanidade crucificada.

Um mês antes de ser assassinado, o bispo dominicano de Orão, Pierre Claverie, disse:

---

[17] *Writing in the Dust*, p. 77s.

A Igreja cumpre sua vocação quando está presente nas rupturas que crucificam a humanidade em sua carne e unidade. Jesus morreu estendido entre o céu e a terra, com os braços abertos para reunir os filhos de Deus dispersos pelo pecado que os separa, isola, e os lança uns contra os outros e contra o próprio Deus. Ele se colocou nas linhas de ruptura originadas por esse pecado. Na Algéria estamos em uma dessas linhas sísmicas que cruzam o mundo: Islã/Ocidente, Norte/Sul, ricos/pobres. E estamos verdadeiramente em nosso lugar aqui, porque é neste lugar que vislumbramos a luz da ressurreição.[18]

---

[18] PÉRENNÈS, *Pierre Claverie*, p. 301.

Impresso na gráfica da
Pia Sociedade Filhas de São Paulo
Via Raposo Tavares, km 19,145
05577-300 - São Paulo, SP - Brasil - 2013